Ilse Kleberger
Unsre Oma

Ilse Kleberger

Unsre Oma

Mit Bildern von Rolf Bunse

Anaconda

Die Originalausgabe erschien zuerst 1964 im Erika Klopp
Verlag in Berlin. Text und Bilder folgen hier der Ausgabe
im Ravensburger Taschenbuch von 1996 (dort zuerst 1970).
Orthografie und Interpunktion wurden auf neue
Rechtschreibung umgestellt.

MIX
Papier | Fördert
gute Waldnutzung
FSC
www.fsc.org FSC® C083411

Penguin Random House Verlagsgruppe FSC® N001967

Die Deutsche Nationalbibliothek verzeichnet diese
Publikation in der Deutschen Nationalbibliografie;
detaillierte bibliografische Daten sind im Internet
unter http://dnb.d-nb.de abrufbar.

© 2020, 2023 by Anaconda Verlag, einem Unternehmen
der Penguin Random House Verlagsgruppe GmbH,
Neumarkter Straße 28, 81673 München
Alle Rechte vorbehalten.
Umschlagmotiv: Rolf Bunse
Umschlaggestaltung: www.katjaholst.de
Satz und Layout: www.paque.de
Druck und Bindung: CPI books GmbH, Leck
Printed in the EU
ISBN 978-3-7306-0837-1
www.anacondaverlag.de

Inhalt

Anstandsunterricht

Jan, Frieder und die kleine Karoline saßen auf Pieselangs Teppichstange und gaben an.

Der dicke Frieder schob den Kaugummi in die andere Backe und sagte: »Wir sind die reichsten Bauern, wir haben am meisten Land!« Stolz blickte er über die Weizenfelder, die gerade gelb zu werden begannen und sich bis zu dem Bauernhof seines Vaters erstreckten.

»Das hast du schon oft gesagt«, entgegnete die kleine Karoline spitz, »das wissen wir nun bald.« Ärgerlich warf sie ihren rotblonden Zopf über die Schulter zurück. Dann hob sie die Nase in die Luft und rief: »Aber wir haben zehnmal mehr Hühner als ihr!«

Frieder schien nicht weiter beeindruckt zu sein. »Unsere Kühe haben ein Wasserklosett«, erwiderte er ruhig.

Auch das wussten sie schon, dass beim reichen Frieder-Bauern der Kuhmist in einer Rinne fortgespült wurde.

Doch Karoline übertrumpfte ihn. »Unsere Küken tragen Brillen!« In der Tat war es seit Wochen im Dorf die große Sensation, dass die größeren Küken der Hühnerfarm undurchsichtige

Plastikbrillen trugen, sodass sie nur seitwärts blicken und sich nicht mehr gegenseitig blutig hacken konnten.

Jan hatte bis jetzt geschwiegen. Er überlegte verzweifelt, womit er angeben könnte. Lehrer Pieselangs Häuschen mit seinem dunklen Fachwerk und weißen Putz, auf das sie herabblickten, war zwar hübsch, aber klein. Es gehörten keine Felder dazu, sondern nur ein Gemüsegarten. Kühe besaßen sie gar keine und Hühner nur fünfzehn Stück.

Plötzlich leuchtete es in Jans rundem, sommersprossigem Gesicht auf. »Aber wir haben unsre Oma!«

Die beiden anderen wandten sich ihm wie elektrisiert zu. »Och, Jan, können wir nicht mal zu ihr rein?«, bat Karoline.

Jan genoss es, plötzlich im Mittelpunkt zu stehen. Er wiegte den Kopf. »Muss mal sehen, ob sie euch empfängt«, sagte er dann und rutschte von der Teppichstange herunter. Mit den Händen in den Hosentaschen schlenderte er ins Haus.

Nach einer Weile kam er zurück.

»Ihr könnt kommen«, sagte er wichtig, »aber benehmt euch! Und Frieder, nimm den Kaugummi aus dem Mund. Kaugummi kann Oma nicht leiden.«

Erstaunlich fügsam holte Frieder mit seinen schmutzigen Fingern den Kaugummi hervor und klebte ihn sich hinters Ohr.

»Und seid leise. Oma gibt Brigitte gerade Anstandsunterricht, da dürft ihr nicht stören. Aber zuhören könnt ihr, das kann euch gar nichts schaden!«

Lehrer Pieselang hatte sechs Kinder, und er wünschte, dass sie gut erzogen würden. Aber er war selten zu Haus, und Mutter Pieselang, die außer den Kindern und ihrem Mann auch noch die Hühner, eine Ziege und den Garten zu versorgen hatte, fehlte es an Zeit, sich um die guten Sitten der Kinder zu kümmern. Hatte sich eines der Pieselang-Kinder besonders schlecht benommen, so sagte sie: »Geh zu Oma und lass dir Anstandsunterricht geben.«

Oma hatte erstens Zeit und zweitens verstand sie etwas von feinem Benehmen. Sie war nämlich als Fräulein von Haselburg auf einem Rittergut aufgewachsen.

Später hatte sie dann den Lehrer Pieselang geheiratet, und ihr Sohn, Jans Vater, war auch wieder Lehrer geworden.

Jan öffnete eine Tür und legte warnend den Finger auf den Mund. Die drei Kinder traten auf Zehenspitzen in ein großes, fast leeres Zimmer und setzten sich auf eine Holzbank neben ein flachsblondes Mädchen, das die Hände brav im Schoß gefaltet hielt. Oma, die auf einem Lehnstuhl am Fenster thronte, nickte den Kindern zu. Außer der Holzbank und dem Lehnstuhl befand sich nur noch ein Vogelkäfig im Zimmer. An der rechten Wand stand eine Leiter, die zum Boden hinaufführte. Oma hatte ihren Vortrag nicht unterbrochen. Indem sie an einem langen roten Schlauch strickte, sagte sie:

»Wasch dir die Hände, mach dir die Fingernägel sauber und kämm dir die Haare, lass deine Sachen nicht herumliegen, räum dein Zimmer auf, sitz gerade, widersprich nicht. Wasch dir die Hände, mach dir die Fingernägel sauber und kämm dir die Haare, lass deine Sachen nicht herumliegen, räum dein Zimmer auf, sitz gerade, widersprich nicht. Wasch dir die Hände ...«, und so immer weiter.

Beim vierten Mal »sitz gerade« sahen alle vier Kinder aus, als hätten sie Stöcke verschluckt.

Komisch, dachte Karoline, sie bewegt gar nicht den Mund beim Sprechen. Ob sie bauchreden kann? Nach allem, was man sich im Dorf über Pieselangs Oma erzählte, erschien ihr das durchaus möglich.

»Sitz gerade, sitz gerade, sitz gerade, sitz gerade, sitz gerade«, sagte Oma. Karoline betrachtete Brigitte von der Seite. Warum wiederholte Oma das immerfort? War Brigitte wieder in sich zusammengesackt? Nein, sie saß steif wie ein Besenstiel.

Oma fummelte an einem Kasten herum, der an ihrer Seite stand, und dann ging es weiter: »Sitz gerade, wasch dir die Hände ...«

»Die Nadel war aus der Rille gesprungen«, flüsterte Jan und erklärte auf Karolines erstaunten Blick: »Oma hat die Anstandssprüche auf eine Grammophonplatte aufnehmen lassen und spielt sie uns immer wieder vor. Meinst du, sie möchte das x-mal am Tag sagen?«

Mitten im Satz stellte Oma das Grammophon ab und rief: »Genug für heute!« Worauf alle vier Kinder im Nu behaglich die Rücken krümmten.

Frieder und Karoline konnten sich nicht satt sehen an Oma. Klein und zierlich saß sie in ihrem großen Ohrenstuhl. Ihr Gesicht sah wie ein runzliger Apfel aus. Die Brille saß vorn auf der Nasenspitze. Das schneeweiße Haar war oben auf dem Kopf zu einem Knoten zusammengedreht. Oma trug ein langes schwarzes Kleid mit einem weiten Rock und ein schwarzes Samtband um den Hals. Auf ihrer linken Schulter hockte ein weißer Kater und versuchte, um ihren Kopf herum auf die rechte Schulter zu schielen, wo ein blaugrüner Wellensittich herumhüpfte und munter schwatzte.

»Wasch dir die Hände!«, quäkte er, stolz, dass auch er etwas vom Anstandsunterricht gelernt hatte.

Oma reckte sich und gähnte. »Ganz steif wird man vom langen Sitzen.« Sie wickelte ihr Strickzeug zusammen, packte es in einen Nähkorb, der auf dem Fensterbrett stand, und legte die Brille dazu.

»Muss mir mal ein bisschen Bewegung machen!«

Jan stieß Karoline an. »Jetzt kommt's!«

Oma kam mit großen Schritten auf ihn zu und setzte den Kater Fridolin auf seinen Schoß. Der Kater miaute missmutig und blickte zornig den Wellensittich an, der auf ihrer Schulter bleiben durfte. Sie zog unter der Bank ein Paar Rollschuhe hervor, setzte sich neben Frieder und schnallte sie an ihre schwarzen Schnürstiefel.

»Wenn man alt wird, muss man aufpassen, dass man nicht einrostet«, sagte sie energisch. »Ich kann wohl sagen, dass mich dieser Sport jung erhält.« Und schon rollte sie kreuz und quer durch den Raum, zog elegante Bögen, wiegte sich und hob ein Bein in die Luft. Ihr langer schwarzer Rock flatterte und rauschte. Ab und zu sah man einen roten Wollunterrock hervorleuchten. Der Wellensittich krallte sich an ihrer Schulter fest.

»Bravo, bravo!«, kreischte er, und die Kinder fielen ein. »Bravo, bravo!«

Oma lächelte geschmeichelt, drehte noch ein paar Runden und hielt an. Unter dem lauten Klatschen der Kinder verbeugte sie sich zierlich.

»Darum ist das Zimmer so leer«, sagte Karoline, während Oma weiter umherlief. »Aber wo schläft sie denn?«

Jan zeigte auf die Leiter. »Oben!«

»Auf dem Boden? Erlaubt denn das euer Vater?«

Jan zuckte die Achseln. »Oma will es so, und wenn Oma was will, kann man nichts machen.«

Jetzt wurde die Tür aufgerissen, und Ingeborg, Jans älteste Schwester, stürmte herein. Sie war erhitzt und zerzaust. In der einen Hand hatte sie einen Teller mit Brei, mit der anderen zerrte sie einen etwa dreijährigen Jungen hinter sich her. Er wand sich wie ein Aal und brüllte: »Nein, nein, kein' Brei, will kein' Brei, nein, nein, nein!«

»Oma«, keuchte Ingeborg, »er will und will nicht essen! Nur du kannst es schaffen.«

Oma schüttelte missbilligend den Kopf. »In diesem Haus kann man nicht einmal in Ruhe Sport treiben!« Sie schnallte die Rollschuhe ab, ergriff den Teller und zog den Knirps zu ihrem Ohrenstuhl. Dann klemmte sie ihn zwischen ihre Knie und hielt ihm den Löffel vor den Mund.

»Ich wiiill nicht!«, schrie der Junge.

»Aber Peter, du willst doch ein großer Mann werden, da musst du essen.«

»Nein, will kein Mann werden!«

»Nur einen Löffel Brei für den Papa und einen für Jan.«

»Neiiiin!«

»Also pass auf, du isst zwei Löffel, und dann gibt's ein Bonbon, nur zwei kleine Löffel Brei!«

»Und dann ein Bonbon?«

»Ja.«

Peter hörte auf zu weinen und sperrte den Mund auf. Oma fing an zu zählen: »Zehn, neun, acht, sieben, sechs, fünf, vier, drei, zwei.« Bei jeder Zahl schob sie einen Löffel voll Brei in den geöffneten Mund. Nun war der Teller leer, und Oma kramte aus ihrem Nähkorb ein Himbeerbonbon und steckte es in den sperrangelweit aufgerissenen Mund.

Auch die anderen Kinder erhielten jedes ein Bonbon. Karoline und Frieder verabschiedeten sich mit Knicks und Verbeugung und liefen nach Hause zum Mittagessen, denn es war spät geworden.

Beim Essen sagte Karolines Mutter: »Heute kommt Omi!«

Karoline, die sonst ihre Großmutter recht gern mochte, runzelte nur die Stirn.

Um vier Uhr kam Omi mit dem Omnibus aus der nächsten Stadt. Sie trug ein kurzes fliederfarbenes Sommerkleid und einen weißen Hut.

»Omi, du wirst ja immer jünger!«, rief die Mutter, als sie sich umarmten.

Beim Kaffeetrinken war Karoline recht still.

»Was hat das Kind?«, fragte Omi. »Bekommen ihm die großen Ferien nicht?«

Da kochte Karoline über. »Omi, du malst dir ja den Mund rot und lässt dir die Haare färben!«

Omi errötete. »Ja, Kind, ich will doch möglichst lange jung aussehen.«

»Kannst du auch Rollschuh laufen?«, fragte Karoline.

Omi verschluckte sich fast an ihrem Kuchen. »Aber Kind, Rollschuh laufen, nein, natürlich nicht!«

»Na, siehst du!« Karoline sprang auf, lief hinaus und knallte die Tür hinter sich zu.

»Karoline!«, rief der Vater zornig hinter ihr her, aber sie hörte es nicht mehr. Sie saß im Hühnerstall und heulte, umgeben von dem gackernden Federvieh, das sie unter seinen Plastikbrillen hervor anschielte.

Masern

Die ersten Sonnenstrahlen, die ins Kinderzimmer hineinschienen, weckten Brigitte. Sie gähnte und wollte sich auf die andere Seite drehen, um weiterzuschlafen, da fiel ihr etwas ein. Wenn sie jetzt aufstand, konnte sie Oma noch beim Anziehen erwischen. Sie sah Oma zu gern beim Anziehen zu. Mit beiden Beinen sprang sie aus dem Bett. Peter regte sich in seinem Gitterbettchen. Sie wollte sich auf Zehenspitzen hinausschleichen, aber schon saß er kerzengerade da, sah sie aus verschlafenen Augen an und fragte: »Wo gehst du hin?«

»Zu Oma.«

»Nimm mich mit!«

»Nein, du sollst noch schlafen.«

»Ich will nicht schlafen, ich will zu Oma!«

Sie half ihm, das Gitter zu überklettern, und Hand in Hand schlichen sie durch das schlafende Haus. Kurz darauf saßen sie auf Omas Fensterbrett. Sie hatten Glück; Oma war noch beim Anziehen. Von ihrer üblichen Haarpracht war nichts zu sehen. Rosa schimmerte die Kopfhaut durch die dünnen, weißen Strähnen. Oma ordnete den Kragen ihres Kleides und band das schwarze Samtband um den Hals. Dann zog sie ihre Schuhe an. Gelenkig stellte sie den rechten Fuß auf die Bank und schnürte den Schuh zu.

»Oma, wie bekommt man Masern?«, fragte Brigitte. »Ich möchte so gern Masern haben!«

Oma schnürte den linken Schuh zu. »Masern sind eine Krankheit. Warum willst du krank werden?«

»Karoline hat Masern. Ihr Fenster ist mit einer Decke verhängt, und sie kriegt

Streuselkuchen und Coca-Cola und Mickymaus-hefte, so viel sie will.«

»Wo ist meine Brille?«, fragte Oma.

»Vielleicht in der Küche?«, meinte Brigitte.

Oma schüttelte nachdenklich den Kopf.

»Im Bett?« Peter rutschte vom Fensterbrett und begann die Leiter zum Boden hinaufzu-klettern.

Oma hielt ihn an einem Bein fest. »Bleib hier! Sie ist im Nähkasten.«

Wirklich, als Brigitte den Kasten öffnete, fun-kelten sie Omas Brillengläser zwischen Steck-nadeln und Nähgarnröllchen an.

Oma setzte die Brille auf und fragte: »Woher weißt du, dass Karoline Kuchen und Coca-Cola bekommen hat?«

»Ich habe an ihr Fenster geklopft«, antwortete Brigitte, »und sie hat die Decke weggezogen und das Fenster aufgemacht. Sie freute sich so, dass ich kam, weil sie sich langweilte, und sie hat mir alles gezeigt. Ins Zimmer durfte ich ja nicht wegen der Ansteckung.«

Oma nickte verständnisvoll und fing an, sich die Haare zu kämmen.

»Und von dem Streuselkuchen hat sie mich abbeißen lassen. Wir haben zusammen ein großes Stück gegessen, immer sie einen Hap-pen, ich einen Happen. Und sie hat mir auch ein Stück für Peter mitgegeben. Hat gut geschmeckt, nicht wahr, Peter?«

Peter nickte und rieb sich sein Bäuchlein.

»Oma«, quengelte Brigitte, »wie kriegt man die Masern? Ich möchte sie zu gerne haben!«

»Warte nur, Liebling«, antwortete Oma, »du wirst sie bald bekommen.«

»Hurra!« Brigitte hopste von der Fensterbank. »Wann, Oma?«

Aber Oma war nicht mehr bei der Sache. Sie sah sich suchend im Zimmer um. »Wo ist nur mein Zopf?«

Die Kinder wussten, dass Oma einen falschen Zopf besaß, und hatten oft mit ihm gespielt. Aber wo war er nun? Brigitte sah im Nähkorb nach, und Peter kletterte jetzt doch auf den Boden, wo Omas Bett stand und zwischen Dachbalken eine Hängematte für ihre Mittagsruhe ausgespannt war. Man hörte ihn oben rumoren. Oma suchte unter dem Lehnstuhl und unter der Bank. Nichts. Peter kam mit dem Kater Fridolin auf dem Arm wieder herunter. Das brachte Brigitte auf den Gedanken, sich nach dem Wellensittich Paulchen umzusehen. Der schien noch in seinem Käfig zu schlafen.

»Oma«, rief sie, »Paulchen hat sich aus deinem Zopf ein Nest gebaut!«

Oma trat näher.

Tatsächlich, in einer Ecke des Käfigs lag Omas Zopf, zu einem runden kleinen Nest zusammengerollt, und darin hockte Paulchen.

»Wie gemütlich er es hat!«, sagte Oma. »Aber leider, mein Kleiner, muss ich dir den Zopf wegnehmen. Ich brauche ihn selber.«

»Och, Oma«, bat Brigitte, »lass ihm doch den Zopf!«

»Hm.« Oma betrachtete sich im Spiegel. »Ein bisschen kahl bin ich ja, außerdem zieht's. Ach was, ich setze eben den Hut auf.« Sie nahm einen lila Strohhut mit einer weißen Stoffblume von einem Haken an der Wand und stülpte ihn auf den Kopf.

»Aber nun kommt! Ich habe Frühstückshunger.«

In den Ferien sah Vater Pieselang es gern, wenn sich seine ganze Familie am Frühstückstisch um ihn scharte. Unwillig runzelte er die Stirn, weil der Stuhl seines sechzehnjährigen Sohnes Heiner neben ihm leer war. Dann musterte er seine anderen Kinder, die achtzehnjährige Ingeborg, den zwölfjährigen Jan, die zehnjährige Brigitte und den dreijährigen Peter. Jan hatte schwarze Fingernägel, Brigitte hingen die Haare unordentlich ins Gesicht. Er schickte die beiden ins Badezimmer. Als sie

zurückkamen, trat gleichzeitig mit ihnen Heiner ein.

»Mein lieber Sohn«, sagte Vater Pieselang, »ich habe dir erlaubt, einmal in der Woche zur Tanzstunde in die Stadt zu fahren. Wenn ich dir eine solche Freude mache, könntest du mir auch die Freude machen, pünktlich am Frühstückstisch zu erscheinen.«

Heiner, den jetzt manchmal der Hafer stach, wagte zu widersprechen: »Man muss in den Ferien doch mal ausschlafen können!«

Ein Äderchen an Lehrer Pieselangs Stirn schwoll an.

Ein bedrohliches Zeichen! Mutter legte beruhigend ihre Hand auf seinen Arm. Er strafte seinen Sohn mit schweigender Verachtung und sprach das Tischgebet. Gerade begann er, sein Ei zu löffeln, da legte Brigitte den Kopf auf den Tisch und brach in lautes Schluchzen aus.

»Was ist denn nun schon wieder los?«, brauste der Vater auf.

Die Mutter versuchte, das weinende Kind zu beruhigen.

»Sie hat die Masern«, sagte Oma, ohne aufzusehen.

»Unsinn, die Masern, woher willst du das wissen?«, rief der Vater. »Und warum hast du beim Frühstück den Hut auf?«

»Ich weiß manches, was du nicht weißt, und den Hut hab ich auf, weil mir der Kopf friert«, entgegnete Oma spitz.

Jetzt war es um Vater Pieselangs Selbstbeherrschung leider geschehen. Er ließ sein Ei halb aufgegessen stehen, warf die Serviette auf den Tisch, stürmte aus dem Zimmer und schlug die Tür hinter sich zu. Kurze Zeit danach traf die Mutter Oma mit den Rollschuhen in der Hand.

»Wo willst du hin?«

»Ich will im Dorf einkaufen.« An den Fingern zählte Oma auf: »Zwei Flaschen Coca-Cola, ein Mickymausheft, Zucker, Mehl und Butter zum Streuselkuchen. Dass ich nur nichts vergesse!«

»Kannst du das Baby mitnehmen?«, fragte die vielbeschäftigte Mutter.

Bald darauf lief Oma auf ihren Rollschuhen über die asphaltierte Straße und schob den Kinderwagen vor sich her. Die Einkaufstasche und ihren Regenschirm hatte sie an die Lenkstange gehängt. Als sie im Dorf ankam, saß der lila Strohhut ein wenig schief, aber niemand wunderte sich darüber. Man kannte ja Oma Pieselang.

Am Nachmittag backte Oma Streuselkuchen. Tags darauf, als das Fieber gesunken und Brigitte über und über rot gefleckt war,

durfte sie ihn essen und Coca-Cola trinken und das Mickymausheft angucken. Am schönsten aber war es, wenn Oma ihr aus »Dr. Dolittle« vorlas. Am nächsten Tag legte sich Peter mit Masern ins Bett. Oma backte wieder Streuselkuchen und las ihm Grimms Märchen vor. Zwei Tage später folgte Jan, und Oma musste noch einmal Streuselkuchen backen und diesmal Karl May vorlesen.

Nach acht Tagen war Oma ganz heiser und erschöpft. Am neunten Tag erschien sie nicht zum Frühstück.

Es war ein trauriges Frühstück. Vater, Mutter, Ingeborg und Heiner saßen allein um den großen Tisch. Ingeborg erzählte mit Tränen in den

Augen, dass der Fuchs die große bunte Henne geholt hatte, die gerade beim Brüten war.

»Und die Eier sind auch verschwunden«, sagte Mutter ärgerlich.

»Wo ist denn Oma?«, fragte der Lehrer.

Ingeborg ging nachsehen. »Oma ist krank«, berichtete sie, als sie zurückkam, »sie hat die Masern.«

»Hat sie Flecken?«, fragte die Mutter.

Ingeborg zuckte die Achseln. »Sie ließ mich nicht ans Bett. Sie sagte, wir sollten sie in Ruhe lassen und ihr recht viel zu essen raufschicken, aber keinen Streuselkuchen.«

»Recht viel zu essen, dann kann es nicht so schlimm sein«, meinte die Mutter.

Der Vater schüttelte den Kopf. »Die Masern! Oma wird auch niemals erwachsen.«

Niemand bekam Oma zu sehen. In einen Korb, den sie an einer Schnur vom Boden herabließ, legte ihr Ingeborg das Essen. Auf ihre besorgten Fragen, ob sie einen Arzt holen oder ihr das Bett machen solle, erklärte Oma energisch und gar nicht schwach:

»Lasst mich in Ruhe! In zehn Tagen bin ich wieder gesund.«

Die Zeit verging. Die Masernkinder waren auf-

gestanden. Zum ersten Mal versammelte sich die ganze Familie wieder am Frühstückstisch, nur Oma fehlte. Der Vater köpfte gerade sein Ei und gab damit das Zeichen zum Beginn des Frühstücks, da ging die Tür auf. Oma erschien, gesund und munter, in ihrem schwarzen Kleid, das Samtband um den Hals.

»Guten Morgen!«, sagte sie strahlend und kam herein. Hinter ihr her stolperte piepsend eine Schar winziger, wolliger Küken. Peter und Brigitte sprangen mit einem Jubelschrei auf.

»Wo hast du die her?«, fragte die Mutter.

»Ich habe sie ausgebrütet!«, sagte Oma stolz.

»Ausgebrütet? Dann hast du also gar nicht die Masern gehabt?«

Oma schüttelte den Kopf. »Ich wollte nur, dass ihr mich in Ruhe lasst. Ich hatte ein Körbchen mit Watte gepolstert, die Eier hineingelegt und das Körbchen zu mir ins Bett genommen, wo es ja schön warm ist. Da sind die Küken dann ausgeschlüpft.«

Gelassen setzte sie sich an den Tisch und strich sich ein Brötchen mit Butter und Honig.

Die Auswanderung

»Wie heißen die deutschen Nebenflüsse der Donau?«, fragte Ingeborg.

Jan leierte gelangweilt: »Iller, Lech, Isar, Inn fließen rechts zur Donau hin, lala, Naab und Regen fließen ihr entgegen.«

»Was ist lala?«

Jan gähnte. »Ich hab es vergessen.«

»Du musst es aber wissen! Wenn dich morgen die Lehrerin fragt, und du weißt es nicht, kriegst du wieder eine Fünf. Nimm den Atlas vor und such dir die Flüsse heraus.«

Missmutig zog Jan den Atlas aus seiner Schulmappe.

Als Ingeborg zurückkam, studierte er mit glänzenden Augen eine Karte.

»Hast du sie gefunden?«

»Ja, hier ist Oklahoma, und hier sind die Rocky Mountains, da sind die großen Reservate.«

»Was für Reservate? Ich denke, du suchst die Nebenflüsse der Donau.«

»Ach, die Donau ist mir schnuppe. Ich such die Gegenden, wo die Indianer in Amerika wohnen. Guck mal, hier!«

Ingeborg schob den Atlas beiseite und sagte zornig: »Und mir sind deine Indianer schnuppe und deiner Lehrerin wahrscheinlich auch. Wenn du weiter so faul bist und nichts lernst, bleibst du noch einmal sitzen.«

Jan traten die Tränen in die Augen. »Wozu soll ich den ganzen Quatsch lernen, wenn ich doch nach Amerika gehen und Cowboy werden will?«, heulte er.

»Feiner Cowboy, der wie ein Mädchen weint!«, lachte Ingeborg spöttisch und verließ den Bruder. Jan trocknete sich die Tränen ab.

Darin hatte sie Recht, dass ein Cowboy nicht heulen sollte, aber sie hatte ganz und gar Unrecht darin, dass ein Cowboy die Nebenflüsse der Donau kennen müsste. Entschlossen klappte er den Atlas zu, nahm ein Buch unter den Arm, auf dem »Als Schiffsjunge nach Amerika« stand, und verzog sich in den Ziegenstall, wo ihn bis zum Abendmelken sicher niemand stören würde. Hier saß er bald auf der Futterraufe und las: »Plötzlich sahen sie Land, und es war Amerika.

Dem kleinen Schiffsjungen klopfte das Herz. Nun würde er das Land sehen, in dem die Indianer und Cowboys lebten, in dem es Wolkenkratzer und die Niagarafälle gab.«

Jan blickte vom Buch auf und betrachtete nachdenklich die Ziege, die sich an seinen Beinen rieb. Wenn er doch dieser Schiffsjunge wäre! Aber warum sollte er nicht auch ein Schiffsjunge werden?

Als er am Sonnabendnachmittag wieder einmal mit Frieder zusammen auf der Teppichstange saß, flüsterte er: »Du, ich hab ein Geheimnis. Wenn du es keinem weitersagst, erzähl ich es dir.«

Frieder spuckte seinen Kaugummi aus und steckte einen frischen in den Mund. »Was ist es?«, fragte er ziemlich gleichgültig.

Jan zögerte. Aber weil er zu gern Frieders verblüfftes Gesicht sehen wollte, antwortete er: »Ich wandere aus.«

»Was?« Frieder hörte auf zu kauen.

»Ich gehe nach Amerika«, sagte Jan wichtig.

Frieder tippte sich mit dem Finger an die Stirn.

Jetzt wurde Jan wütend. »Jawohl«, schrie er, »morgen, am Sonntag, reiße ich aus. Ich fahr nach Hamburg, geh als Schiffsjunge auf ein Schiff und fahre nach Amerika. Dort werde ich Cowboy!«

»Wenn du so laut brüllst, wird gleich deine ganze Familie angerannt kommen, um dir auf Wiedersehen zu sagen«, entgegnete Frieder.

Jan biss sich erschrocken auf die Lippen und schielte nach dem offenen Fenster von Omas Zimmer hin. Aber dort regte sich nichts.

Am Abend packte er seine Leinwandtasche, die er für Schulwanderungen bekommen hatte, schüttelte vier Mark und fünfzig Pfennig aus seinem Sparschwein heraus und steckte sie in sein rotes Geldtäschchen. Früh am Sonntagmorgen zog er sich flink an, nahm seine Sachen und schlüpfte aus dem Haus. Erst als er in der Kleinbahn saß, atmete er auf. Das Abteil war leer. Er setzte sich auf einen Fensterplatz und blickte in die Landschaft hinaus. Als die Dächer des Dorfes verschwanden, war ihm doch recht bang zumute. Nun, er würde zurückkehren, später, wenn er in Amerika reich oder berühmt geworden war, vielleicht auch beides. Dann würde er Mutter ein neues Kleid mitbringen und Vater eine Uhr und Oma ... »Guten Morgen!«, sagte Oma und setzte sich ihm gegenüber.

Jan blinzelte, aber er sah richtig. Da saß Oma in ihrem schwarzen Kleid mit dem lila Strohhut auf dem Kopf, in der rechten Hand den Vogelbauer mit Paulchen, der munter schwatzte, in der linken Hand Handtasche und Regenschirm.

»Ach, sei so freundlich und stell meinen Koffer ins Netz!« Oma zeigte mit ihrem Schirm auf ein braunes Köfferchen, das im Gang stand. Verwirrt erfüllte Jan ihren Wunsch.

Oma stellte Paulchen neben sich auf die Bank, öffnete ihre Handtasche und kramte eine Rolle saure Drops heraus. »Magst du einen? Wenn ich reise, muss ich immer Bonbons lutschen.«

»Wo fährst du denn hin?«, stotterte Jan, während er sich einen Zitronendrops in den Mund steckte.

Oma suchte umständlich nach einem Himbeerbonbon und antwortete: »Nach Amerika.«

»Amerika?« Jan schnappte nach Luft. »Du?«

p»Ja, warum nicht?« Oma lutschte eine Weile hingebungsvoll. »Ich wollte schon immer gern nach Amerika. Schon als kleines Mädchen wollte ich einmal ausreißen, aber da bekam ich die Windpocken, und auch später kam immer etwas dazwischen. Zuerst hatte ich Tanzstunde, und dann habe ich geheiratet, und dann wurden die Kinder geboren, und dann wurdet ihr geboren, und ich musste euch das Laufen beibringen und

Anstandsunterricht geben und bei Masern Streuselkuchen backen und vorlesen. Aber nun habt ihr ja alle die Masern gehabt, das Baby wird sie erst in fünf Jahren kriegen, und der Anstandsunterricht nützt bei euch sowieso nicht viel. Als ich gestern hörte, dass du nach Amerika fahren willst, beschloss ich mitzufahren.«

Jan starrte verwirrt aus dem Fenster. Oma wollte mit, Oma mit ihrem komischen lila Hut, dem falschen Zopf und Paulchen im Käfig?

»Oder ist es dir nicht recht?«, fragte Oma besorgt. »Doch, doch«, antwortete Jan hastig.

»Na, dann ist ja alles in Ordnung.« Oma holte ihr Strickzeug hervor und ließ die Nadeln klappern. Eine Weile schwiegen sie. Jan wusste nicht recht, ob er sich ärgern oder freuen sollte. »Hast du viel Geld?«, fragte er.

»Neun Mark, und du?« Oma betrachtete ihn neugierig über ihre Brille hinweg. Jan rechnete. »Eine Mark hat die Fahrkarte gekostet, also hab ich noch drei Mark fünfzig.«

»Nicht sehr viel, aber es wird schon reichen«, meinte Oma.

»Wie willst du denn nach Amerika kommen?«, fragte Jan zaghaft.

»Genau wie du«, antwortete Oma.

35

»Aber du kannst doch nicht Schiffsjunge werden!«

»Das nicht, obgleich ich vielleicht besser klettern kann als mancher von euch jungem Gemüse. Aber wenn ich so viel im kalten Wind sein muss, bekomme ich Rheumatismus. Ich werde in der Küche helfen und mir so die Überfahrt verdienen.«

»Und was willst du drüben in Amerika machen?«

»Vielleicht kann ich als Köchin auf der Farm arbeiten, auf der du Cowboy bist.«

»Dann könntest du mir ab und zu Makkaroniauflauf machen.«

»Natürlich!«

Jan begann sich für den Gedanken zu erwärmen, mit Oma zusammen nach Amerika zu reisen.

»Eberbach – Endstation!«, rief der Schaffner. Oma sprang auf und ergriff ihre Handtasche, den Regenschirm und Paulchens Käfig.

»Mein Köfferchen trägst du vielleicht.«

Jan hob den Koffer aus dem Netz und folgte ihr aus dem Zug.

Vor dem Bahnhof schauten sie sich an.

»Was nun?«, fragte Oma.

»Ich wollte trampen, Autos anhalten«, meinte Jan zögernd.

»Gut, trampen wir!«

Sie stellten sich am Rand der breiten Eberbacher Straße auf. Die ersten drei Autos, die Jan anzuhalten versuchte, fuhren vorbei.

»Lass mich mal!«, sagte Oma. Als ein Lastwagen daherkam, stellte sie sich auf die Straße und winkte mit dem Regenschirm. Auf dem Wagen stand eine Kuh. Der Fahrer hielt an und lehnte sich aus dem Fenster.

»Na, alte Dame, wohin soll's denn gehen?«

»Nach Hamburg«, sagte Oma. »Bitte, nehmen Sie uns mit!«

»Meine Kuh will aber nicht nach Hamburg. Sie will nach Heidenfeld, ist ›ne andere Richtung. Tut mir Leid.« Der Fahrer lachte freundlich, tippte an seine Mütze und fuhr davon.

Eine halbe Stunde warteten sie vergebens.

»Wenn kein Auto kommt, müssen wir eben laufen«, sagte Oma forsch.

Sie gingen los, aber nach ein paar Schritten hielt Oma an. »Gehen wir auch in die richtige Richtung?«

Jan hob unsicher die Schultern.

»Wo liegt Hamburg?«, fragte Oma.

»Im – im Norden«, stotterte Jan.

»Nordost oder Nordwest? Ich war leider in der Schule in Erdkunde recht schlecht.«

»Ich leider auch«, sagte Jan kleinlaut.

Paulchen, der sich von den Schrecken der Bahnfahrt erholt hatte, schüttelte sein Gefieder und rief: »Nordwest!«

»Paulchen meint Nordwest«, sagte Oma. »Aber wo ist Nordwest?«

Jan fand, er könne sich nicht noch mehr blamieren und zeigte geradeaus. Vergnügt schulterte Oma den Regenschirm und hängte die Handtasche an den Griff. In der anderen Hand trug sie den Käfig mit Paulchen. Sie marschierte kräftig voran und sang: »Das Wandern ist des Müllers Lust.«

Jan versuchte mitzusingen, kam aber schnell außer Atem. Seine Sonntagsschuhe drückten,

und Omas Koffer schien immer schwerer zu werden.

»Was hast du in dem Koffer?«, fragte er.

Oma schmetterte gerade: »... das Wahandern, das Wahandern!« Sie brach ab und fragte besorgt: »Wird er dir etwa zu schwer? Es sind nur ein paar Kleinigkeiten drin. Ein Nachthemd, die Zahnbürste, Seife, ein Kochbuch, Vogelfutter und die Rollschuhe. Ja, und eine Bluse und etwas Wäsche zum Wechseln, Hausschuhe, Abführpillen und meine Patiencekarten. Das ist alles. Soll ich ihn lieber tragen?«

»Nein, nein, er ist ganz leicht!«, versicherte Jan. »Und was hast du eingepackt?«

»Die Indianerhaube, die Spritzpistole, ein Karl-May-Buch, ein Mickymausheft, ein Paket Kaugummi, eine Wäscheleine ...« Jan schielte ängstlich zu Oma hin. »Ich brauche doch ein Lasso.«

»Natürlich brauchst du ein Lasso. Und wie ist es mit Seife und Zahnbürste?«

»Ach, die hab ich vergessen.«

Oma wiegte den Kopf. »So etwas kann passieren. Meine Seife kann ich dir borgen, und die Indianer putzen sich die Zähne mit kleinen Zweigen, wie ich in einem Buch gelesen habe.«

Jan war erstaunt, dass Oma etwas von den Indianern wusste. Seine Achtung vor ihr stieg gewaltig, und er war nun richtig froh, dass sie mit nach Amerika kommen wollte.

Unterdessen war es recht heiß geworden. Jan schwitzte. Sein Arm wurde lahm, und er merkte, dass sich an seinem rechten Hacken eine Blase bildete. Doch Oma wanderte vergnügt und frisch voran. Jan wollte nicht als Erster um eine Ruhepause bitten.

»Wie steht es mit deinem Englisch?«, fragte Oma. »In Amerika werden wir englisch sprechen müssen. Ich muss gestehen, dass ich in der Schule auch in Englisch keine große Leuchte war. Und du?«

»Es geht«, murmelte Jan.

»Was heißt zum Beispiel: Bitte, ein Meter Gummiband?«, fragte Oma.

»Please ...«, fing Jan an und schwieg dann.

»Please wusste ich auch«, sagte Oma, »aber weiter?«

»Please ...«, wiederholte Jan. »Ach, warum willst du denn so was wissen?«

»Na hör mal, das ist wichtig. Wenn mir nun ein Gummiband reißt und irgendein Kleidungsstück rutscht, dann muss ich mir doch neues Gummiband kaufen. Oder soll ich es etwa rutschen lassen?«

Eine Weile gingen sie schweigend nebeneinander her. Oma schien ein bisschen verstimmt zu sein, und Jan wurde immer müder. Außerdem hatte er Hunger. Aber wo sollte man hier etwas zu essen bekommen.

Auf einmal sagte Oma: »Nun wollen wir zu Mittag essen.«

»Wo hast du denn etwas zu essen?«, fragte Jan erstaunt.

»Hier drin!« Oma klopfte auf ihre Handtasche.

Jan schöpfte wieder Mut. Sicher würde Oma etwas Gutes in der Tasche haben, vielleicht Kuchen oder belegte Brötchen oder sogar Kartoffelsalat. Ihm lief das Wasser im Mund zusammen.

Oma sah sich nach einem schattigen Plätzchen um. Inmitten einer Weide, auf der zwei Kühe und ein Stier grasten, stand auf einem kleinen Hügel ein Baum. Oma fing an, durch den Stacheldraht zu klettern.

»Aber der Stier!«, wandte Jan ein.

»Ach, wenn wir ihn in Ruhe lassen, wird er uns auch in Ruhe lassen«, meinte Oma und stapfte über die Wiese auf den Hügel zu. Sie hatte Recht; der Stier und die Kühe kümmerten sich nicht um sie.

Sie ließen sich im Schatten nieder. Oma holte aus ihrer Handtasche ein Tütchen mit Vogelfutter und füllte Paulchens Futternapf. Dann kramte sie eine Serviette hervor und legte sie sich über die Knie. Danach zog sie eine Thermosflasche und ein kleines Päckchen aus der Tasche. Jan sah ihr gierig zu. Sein Magen knurrte jetzt fürchterlich. Sie packte ein paar Scheiben Zwieback aus.

»Was sagst du nun?«, fragte sie stolz.

»Das ist richtiger, echter Schiffszwieback, wie wir ihn zu essen bekommen werden, wenn unser Schiff in Seenot gerät und wochenlang steuerlos auf dem Meer treibt. Wenn alle Vorräte aufgegessen sind, gibt es nur noch Schiffszwieback. Es ist gut, wenn wir uns an den Geschmack gewöhnen.«

Jan war etwas enttäuscht. Aber ein Schiffsjunge durfte nicht wählerisch sein. Er knabberte mühsam. Der Zwieback war sehr hart.

»Schmeckt ein bisschen nach Mottenkugeln.«

Oma nickte. »Ja, er lag ein paar Jahre in der Schublade neben den Mottenkugeln, aber das ist gerade richtig. Schiffszwieback schmeckt immer nach irgendetwas anderem, nach Teer oder Salzwasser oder Schuhcreme.«

»Was hast du in der Thermosflasche?«, fragte Jan.

»Wasser«, antwortete Oma.

Jan trank etwas davon. Es war lauwarm und schmeckte nicht sehr gut. Nachdem er Hunger und Durst notdürftig gestillt hatte, legte er sich ins Gras. Oma knabberte mit Behagen ihren Zwieback und nahm dazu einen Schluck aus der Flasche. Dann zog sie ihr Strickzeug hervor und begann zu stricken. Beim Klappern der Nadeln las Jan in seinem Mickymausheft. Es war doch nett, dass er hier nicht ganz allein rasten musste.

Als er in seiner Tasche zu kramen begann, borgte sich Oma von ihm das Mickymausheft, legte es auf ihre Knie und las, indem sie, ohne hinzugucken, weiterstrickte. Sie war bald ganz vertieft und merkte daher nicht, dass Jan die Wäscheleine hervorholte. Dort hinten graste der Stier.

In Amerika würde Jan manchen wilden Stier mit dem Lasso fangen müssen. Wie gut, dass er es hier schon üben konnte!

Er knüpfte eine Schlinge und schlenderte mit der Leine zu dem Stier hin. Das Tier beachtete ihn nicht. Jan warf die Leine etwas von hinten, damit ihn der Stier nicht sehen konnte. Er wollte die Hörner erreichen und den Kopf des Tieres mit einem Ruck nach hinten ziehen. Aber er hatte zu kurz geworfen und traf das Hinterteil. Der Stier drehte sich nicht einmal um und schlug nur mit dem Schwanz, als hätte ihn eine Fliege belästigt. Nun versuchte Jan es von der Seite. Der Stier wandte den Kopf und sah ihn mit seinen großen Augen finster an. Jan warf das Lasso. Es erreichte auch ein Horn, glitt dann aber ab und traf hart die Schnauze des Tieres. Der Stier reckte sich und brüllte, dass es Jan durch Mark und Bein ging.

»Oma«, rief er, »Oma!«, und rannte, was seine Beine hergeben konnten, auf den Baum zu, wo Oma friedlich strickte. Hinter sich hörte er es stampfen und schnauben. Oma sah die beiden kommen. Sie warf Strickzeug und Mickymausheft beiseite und griff nach dem Regenschirm. Als Jan bei ihr anlangte, spannte sie den Schirm auf und hielt ihn dem Stier entgegen.

»Husch, husch, geh weg, du Tier!«, rief sie.

Der Stier blieb verblüfft stehen. Sobald er sich rührte, schloss Oma den Schirm und öffnete ihn wieder.

Der Stier starrte das seltsame Spiel verwirrt und etwas ängstlich an.

»Nimm das Gepäck!«, flüsterte Oma.

Jan ergriff Paulchen, Omas Koffer und Tasche und seinen Beutel; und während Oma den Regenschirm in Richtung des Stieres immerfort schloss und öffnete, traten sie den Rückzug an. Sie keuchten beide vor Schreck und Anstrengung, als sie endlich durch den Zaun schlüpften. Omas falscher Zopf blieb dabei im Stacheldraht hängen und wehte nun wie eine kleine graue Fahne im Wind. Das löste die Erstarrung

des Stieres. Mit wütendem Gebrüll schoss er auf den Zaun zu. Als er den Weg versperrt fand, rannte er zum Baum zurück und stampfte Omas Strickzeug und das Mickymausheft, die dort liegen geblieben waren, in das Erdreich. Jan und Oma sahen dem Toben mit Grauen zu. Wie leicht hätte es sie treffen können! Oma hakte ihren Zopf vom Zaun und befestigte ihn mit Haarnadeln am Kopf. »Uff«, sagte sie, »das ist noch einmal gut gegangen. Das Leben ist doch recht gefährlich. Es ist wohl besser, wir gehen erst mal wieder nach Hause. Ich muss mir auch ein neues Strickzeug holen. Was meinst du?«

Jan konnte nicht sprechen; der Schreck hatte ihm die Stimme verschlagen. Er nickte nur.

Als sie nebeneinander auf der Landstraße dahingingen, sagte Oma nachdenklich: »Ich glaube, wir schieben das Auswandern etwas hinaus. Vielleicht ist es besser, wenn wir erst noch ein bisschen Erdkunde und Englisch lernen.«

Jan fiel ein Stein vom Herzen. Doch er fragte sich, wie man sie zu Hause empfangen würde?

Zu seiner Überraschung sagte niemand etwas. Sie kamen kurz vor dem Abendessen an, und der Tisch war schon gedeckt. Mutter fragte seltsamerweise: »Na, war's schön?«

Dass Jan beim Essen schweigsam war, fiel bei dem Geplauder der Geschwister nicht auf. Er war todmüde und ging sehr früh ins Bett. Als er sich in den weichen Kissen ausstreckte, dachte er schaudernd, wo er sich wohl jetzt schlafen legen müsste, wenn Oma nicht auf den Gedanken gekommen wäre, wieder nach Hause zu gehen.

Oma half Mutter beim Abwaschen.

»War euer Ausflug schön?«, fragte Mutter.

Oma nickte. »Könntest du mir bitte den Zettel geben, den ich dir heute Morgen auf den Tisch gelegt habe? Auf der Rückseite ist eine Rechnung, die ich noch brauche.«

Mutter holte aus der Schürzentasche ein Stück Papier und reichte es Oma. Darauf stand:

»Ich mache mit Jan einen Tagesausflug.
Zum Abendessen sind wir wieder zurück.
Oma.«

Die Party

Es war gemütlich in der Küche. Mutter rührte einen Kuchenteig, Oma schnipselte Bohnen, Brigitte machte Schularbeiten, und Peter malte ein Bild von Oma.

»Ha«, sagte Brigitte zu ihm, »deine Oma hat ja nur Kopf und Beine, gar keinen Bauch. Wohin tut sie denn das Essen?«

»Ins Kinn«, brummte Peter und zeichnete die Zehen an Omas Fuß.

»Ha«, sagte Brigitte noch einmal, »du malst der Oma ja sieben Zehen an einen Fuß!«

»Mach deine Schularbeiten und lass Peter in Ruhe!«, rief die Mutter.

Peter streckte Brigitte die Zunge heraus und malte sorgfältig noch einen achten Zeh an den Fuß.

»Ich denke es mir hübsch, sieben Zehen zu haben«, sagte Oma. »Man kann damit bestimmt schneller laufen als mit fünf.«

Jan polterte zur Tür herein und schleuderte seine Schulmappe auf einen Stuhl. »Tag!«, rief er in die Runde und zu Oma gewandt: »Hello, old girl!«

»How do you do?«, sagte Oma. Sie sprachen neuerdings Englisch miteinander, um für Amerika zu üben.

Jan schnupperte. »Was ist denn los? Warum bäckst du Kuchen, Mutter?«

»Heute ist doch Heiners Party«, rief Brigitte aufgeregt. »Heute kommen seine Tanzstundenfreunde, da gibt es Kuchen und belegte Brötchen und Bohnensalat.«

»Heiners Party!«, sagte Jan verächtlich. »Der gibt ganz schön mit seiner Party an. Er hat zu mir gesagt: ›Wehe, wenn du dich bei uns blicken lässt. Kinder haben bei einer Party nichts zu suchen!'«

»Kriegen wir keinen Kuchen, wenn wir nicht rein dürfen?«, fragte Brigitte enttäuscht.

»Wahrscheinlich wollen die alles allein auffuttern«, meinte Jan bitter. »Deshalb sollen wir nicht rein. Und weil wir angeblich kein gutes Benehmen haben. Aber warum will er Oma nicht dabeihaben? Oma isst doch gar nicht so viel und hat ein sehr gutes Benehmen.«

»Heiner wird sich seiner Großmutter nicht zu schämen brauchen«, sagte Oma.

»Gehst du rein?«, riefen Jan und Brigitte.

Oma nickte. »Natürlich! Jemand muss doch die jungen Leute begrüßen. Und da die Eltern und Ingeborg heute Abend beim Herrn Apotheker zum Musizieren sind, werde ich diese Pflicht übernehmen. Ich bin dann die Anstandsdame.«

Wenn einer von den Kleinen heute Heiner über den Weg lief, wurde er angebrummt: »Lauft mir doch nicht dauernd zwischen die Beine. Ich hab schließlich was zu tun – lasst eure dummen Fragen, ich hab gar keine Zeit –, wehe, wenn ihr euch heute Abend blicken lasst oder Lärm macht!« So aufgeregt war Heiner. Er machte in der großen Stube einen Platz zum Tanzen frei und stellte die Sessel an die Wand. Er suchte Grammophonplatten hervor und verteilte Aschenbecher auf den Tischen. Als er fertig war, betrachtete er sein Werk und räumte dann alles noch einmal um. Beim Mittagessen war er schweigsam. Schließlich fragte er: »Vater, borgst du mir deinen Rasierapparat?«

»Wozu?«, fragte Lehrer Pieselang erstaunt.

»Zum Rasieren natürlich«, antwortete Heiner.

»Zum Rasieren?«, rief die ganze Familie im Chor.

Jan fuhr seinem Bruder mit dem Finger übers Gesicht. »Du brauchst dich doch noch nicht zu rasieren! Ist ja alles glatt wie ein Kinderpopo.«

Heiner sprang wütend auf und stürzte sich auf ihn. Trotz der mahnenden Rufe der Eltern hetzte er den flüchtenden Jan dann dreimal um den Tisch herum und schließlich zur Tür hinaus.

»Lasst nur, das wird ihnen gut tun«, sagte Oma.

Wirklich kamen die beiden bald darauf in bester Laune zurück. Jan hatte ein blaues Auge, und Heiners Nase blutete. »Nur gut, dass ich nicht das blaue Auge habe!«, sagte er. »Das Nasenbluten wird schon aufhören bis heute Abend.«

Nach dem Essen badete er, zog ein frisches weißes Hemd und den Einsegnungsanzug an und
borgte sich von Ingeborg etwas Kölnisch Wasser für sein Taschentuch in der Brusttasche. Von
sechs bis sieben Uhr saß er einsam und ernst
im Esszimmer und erwartete seine Gäste. Bevor
die Eltern mit Ingeborg fortgingen, guckten sie
zur Tür herein, um sich zu verabschieden.

»Kind«, sagte die Mutter besorgt, »du siehst
aus, als stündest du vor einer schweren Prü-
fung.«

»Na, ich bin doch der Gastgeber, das ist keine
Kleinigkeit«, entgegnete Heiner. »Vielleicht mache ich alles falsch.«

»Du wirst es schon richtig machen«, meinte
Mutter zuversichtlich und gab ihm einen Kuss.

Als Heiner wieder allein war, dachte er:
»Wenn bloß Oma nicht in unsere Party herein-
platzt! Oma ist lieb, aber sie sieht so komisch
aus und ist ganz anders als andere Großmütter.
Sicher werden mich alle auslachen, wenn sie
sehen, was für eine Oma ich habe.«

Währenddessen saß Oma in ihrem Zimmer und
strickte. Jan pendelte zwischen dem Garten
und ihrem Zimmer hin und her. Weil ihm Heiner verboten hatte, vor den Gästen zu erscheinen, war er auf den Apfelbaum gestiegen, von

wo er in das erleuchtete Festzimmer blicken konnte. Von Zeit zu Zeit brachte er Oma die neuesten Nachrichten.

»Jetzt sind sie alle da«, rief er, als er wieder einmal hereinstürmte, »Apothekers Susanne und Ullrich, die Gerda vom Pfarrer und noch zwei Jungen und zwei Mädchen aus der Stadt. Die sind mit dem Auto gekommen. Der eine Junge ist nämlich schon uralt, mindestens achtzehn, der fährt den Wagen.«

Oma schüttelte verwundert den Kopf. »Zu meiner Zeit kam man mit einer Pferdekutsche.«

»Bye-bye!«, rief Jan und verschwand wieder. Nach einer halben Stunde kehrte er zurück.

»Na, 'ne Party hab ich mir anders vorgestellt. Die stehen meistens nur rum mit ihren Coca-Cola-Gläsern in der Hand.«

»Tanzen sie denn nicht?«

»Doch, manchmal tanzen sie, aber dabei machen sie ein Gesicht, als ob sie in eine saure Gurke gebissen hätten. Und die Mädchen, na ja. Die eine ist ganz hübsch, hat so große Augen!« Er zeigte den Umfang einer Teetasse. »Eine Blonde scheint Heiners Flamme zu sein. Sie hat die Augen immer halb zu, als wenn sie sich schrecklich langweilte. Sie sehen alle aus, als ob sie sich langweilten. Also, eine Party habe ich mir ganz anders vorgestellt!«

Als er das nächste Mal kam, fragte Oma: »Sind die Kinder jetzt vergnügter?«

»Keine Spur!«

»Wollen wir mal für Stimmung sorgen?«

»Okay«, nickte Jan begeistert.

Auch Heiner war mit seiner Party nicht zufrieden. Man tanzte zwar, trank Coca-Cola, aß Kuchen und unterhielt sich, aber es wollte keine rechte Stimmung aufkommen. Vielleicht lag es daran, dass der achtzehnjährige Joachim dabei war, der Bruder der blonden Gisela. Er gehörte eigentlich nicht zu diesem Kreis, aber da er seine Schwester und die anderen mit dem Auto aus der Stadt gebracht hatte, musste Heiner ihn auch einladen. Obgleich alle sich duzten, blieb Joachim hartnäckig beim »Sie«.

»Sie haben wohl nicht zufällig ein Glas Whisky? Coca-Cola bekommt mir nicht gut.«

Heiner wurde rot. Nein, er hatte keinen Whisky. Joachim ließ sich in den bequemsten Sessel sinken, rauchte eine Zigarette nach der anderen und musterte die Tanzenden. Seine hübsche Schwester, die ein blaues Seidenkleid trug und eine hochgebauschte Frisur hatte, war einsilbig. Wenn Heiner mit ihr tanzte, sagte sie fast nur »ja« und »nein«. In der Tanzstunde war sie viel lustiger und natürlicher gewesen. Die Gegenwart ihres Bruders schien sie zu hemmen.

Auch die anderen konnten nicht richtig warm werden. Wenn Sibylle und Axel, die Jüngsten im Kreis, einen wilden Twist versuchten, zog Joachim die Augenbrauen hoch, dann setzten sie sich beschämt und still auf die Fensterbank. Heiner legte seine Lieblingsplatte auf, nach der er in der Tanzstunde oft mit Gisela getanzt hatte.

Das Mädchen gähnte. »Ach du liebe Zeit, schon wieder die alte Platte!«

In diesem Augenblick ging die Tür auf, und Oma betrat den Raum.

»Auch das noch!«, dachte Heiner. »Jetzt ist alles verloren. Die Party ist nicht mehr zu retten.«

Oma trug ihr bestes schwarzes Kleid, das Samtband um den Hals und hatte eine große

Handtasche über dem Arm. Auf ihrer rechten Schulter saß Paulchen, der Wellensittich.

»Guten Abend, liebe Kinder!«, sagte sie.

Heiner wäre am liebsten in den Erdboden gesunken, weil sie »Kinder« gesagt hatte.

»Lasst euch nicht stören, ich will nur ein wenig zuschauen«, fuhr sie liebenswürdig fort und ging auf den Sessel zu, in dem sich der lange Joachim lümmelte. »Nett, dass Sie einer alten Dame den Sessel überlassen!«

Joachim sprang mit hochrotem Kopf in die Höhe.

Heiner legte eine neue Platte auf, aber niemand wollte tanzen. Hastig ging er von einem zum andern und goss die Coca-Cola-Gläser voll. Oma zog ihr Strickzeug aus der Tasche und fing an zu stricken. Über ihre Brille hinweg blickte sie freundlich auf die jungen Leute. Paulchen begann, sich auf ihrer Schulter zu regen. Zuerst hatten ihn die vielen Menschen verschüchtert, aber nun schüttelte er seine Federn und rief mit lauter Stimme »hoppla«. Sibylle und Axel lachten. Von dieser Anerkennung ermutigt, flatterte Paulchen in die Höhe, kreiste einmal um die Stube und suchte sich den höchsten Punkt als Landeplatz aus. Der höchste Punkt war die hohe Frisur der blonden Gisela. Paulchen landete elegant, aber er

erschrak, weil der blonde Turm nicht fest war und er mit dem einen Bein in der Tiefe versank, während das andere an einem Kamm Halt gefunden hatte. Aufgeregt flatterte und piepste er.

Gisela schrie empört und angstvoll: »Heiner, nimm das Vieh weg!«

Noch ehe Heiner herbeispringen konnte, hatte Axel den Vogel vorsichtig aus dem haarigen Gefängnis gelöst. Er nahm ihn behutsam in die Hand und streichelte ihm die Rückenfedern.

»Ist der nett!«, rief er.

»Ist der nett!«, piepste Paulchen.

Lachend drängten sich alle um Axel und bewunderten den sprechenden Vogel.

»Fröhliche Weihnachten!«, rief Paulchen. »Dummköpfe, Dummköpfe!«

Im Triumph wurde er zu Oma zurückgebracht. Gisela blieb unbeachtet im Hintergrund, bis Heiner sie in den Tanz zog, der nun doch zustande kam. Oma und Paulchen guckten interessiert zu.

»Als ich jung war, wollte man sich beim Tanzen möglichst viel bewegen«, sagte Oma, als der Tanz beendet war. »Und warum tanzt ihr?«

Das konnte man ihr nicht beantworten.

»Wir haben auch Tänze, bei denen man sich viel bewegen muss. Sibylle, zeig einen Twist!« Heiner legte eine Platte auf, und Sibylle fing an, im Takte ihre Glieder zu verrenken.

Oma sah ihr gespannt zu. Bald wurde sie sehr unruhig. »Ob ich ihr einen Pfefferminztee koche?«, fragte sie Heiner leise.

»Warum denn?«

»Dem armen Kind ist doch sicher schlecht, weil es sich so krümmt.«

Heiner schüttelte verzweifelt den Kopf. »Aber Oma, das ist doch der Tanz!« Er war froh, dass niemand ihr Gespräch mit anhörte.

»So, so, das ist der Tanz«, murmelte Oma.

Endlich hockte sich Sibylle erschöpft zu Omas Füßen hin. Oma tätschelte ihr die Wange.

»Sehr hübsch, mein Kind. Soll ich euch jetzt mal zeigen, wie wir früher getanzt haben?«

»Ja, bitte!«, riefen die jungen Leute im Chor.

Oma betrachtete kritisch die Kleider der Mädchen. »Aber dazu müsst ihr anders angezogen sein. Eure Kleider sind viel zu eng und zu kurz. Bei einem schönen Tanz muss einem der Rock so richtig um die Beine fliegen. Ich habe in einer Kiste noch Kleider aus meiner Jungmädchenzeit. Wollt ihr die mal anprobieren?«

Wie eine Schar Hühner scheuchte sie die Mädchen vor sich her in ihr Zimmer. Die jungen Männer blieben allein zurück. Als sich die Tür hinter den Damen geschlossen hatte, sagte Joachim spöttisch zu Heiner: »Wo haben Sie die Großmutter her? Aus der Mottenkiste?«

Ehe Heiner etwas antworten konnte, rief der lustige Axel: »Deine Oma ist prima, Heiner, ganz prima!«

Eine Weile mussten sich die Herren gedulden. Endlich steckte Brigitte ihren Kopf zur Tür herein und rief: »Ihr sollt in Omas Zimmer kommen!«

In dem großen, leeren Raum fanden sie nun ihre seltsam verwandelten Damen. Sie hatten rote Backen und glänzende Augen und steckten in langen, mit Rüschen und Spitzen besetzten Kleidern. Oma zeigte Gisela gerade, wie man mit einer Schleppe umgeht. Gisela sah gar nicht mehr gelangweilt aus, sondern sehr vergnügt. Nun drehte Oma mit einer Kurbel ihr uraltes Grammophon auf. Die ersten Töne kamen blechern aus dem Trichter.

»Zuerst einen Walzer!«

Den hatten sie in der Tanzstunde gelernt, obgleich sie ihn alle nicht so gut konnten wie Oma, die sich leicht wie eine Feder in Axels Arm wiegte. Nach dem Walzer kam eine Polka und dann eine Quadrille und wieder ein Walzer und noch eine Polka. Die Herren wirbelten ihre Damen umher, dass ihre langen, weiten Röcke flatterten und sie ganz außer Atem kamen. Auf der Leiter zu Omas Schlafboden saßen Jan, Brigitte, Peter und der Kater Fridolin, einen Teller mit Kuchen zwischen sich, und schauten zu. Paulchen rief aus seinem Käfig, in den er sich vorsichtshalber zurückgezogen hatte: »Bravo, bravo!« Schließlich veranstaltete Oma eine Polonäse. Im langen Zug ging es durch das ganze Haus.

Als Lehrer Pieselang mit seiner Frau und Ingeborg von dem Musikabend zurückkehrte, fanden sie alle Zimmer leer, aber überall brannte Licht.

»Sind die Gäste schon fort?«, fragte die Mutter beunruhigt. »Wo sind denn die Kinder und Oma?«

Vom Wäscheboden drang jetzt ein Rumoren herab. Der Lärm wurde lauter, schließlich sehr laut. Die Treppe herunter kam ein langer Zug; voran Brigitte und Jan, die auf Kämmen bliesen, dann der lange Joachim mit Omas lila Strohhut. Peter, der im Nachthemd auf seinen Schultern saß, schlug im Takt zwei Topfdeckel aneinander. Hinter ihnen fegte im Polkaschritt

die ganze Schar laut singend an den Lehrersleuten vorbei, mittendrin Oma. Zum Schluss kam Heiner mit seiner Gisela. Ihre Augen blitzten, und das aufgelöste Haar wehte wie eine Fahne hinter ihr her.

Auch Oma sah aufgelöst aus. Lehrer Pieselang blickte ihr kopfschüttelnd nach.

»Das nennt sich nun Anstandsdame! Morgen klagt sie dann wieder über Rheumatismus.«

Beim Abschied versicherten alle einmütig, sie hätten noch niemals eine so schöne Party erlebt. Heiner strahlte. Später sagte Oma zu ihm: »Deine Gisela hatte unter ihrer Frisur auch einen falschen Zopf, genau wie ich. Ich bin doch eine sehr moderne Frau.«

»Das bist du!«, sagte Heiner und wollte ihr einen Kuss auf die rechte Backe geben.

»Nimm lieber die linke«, sagte Oma. »Rechts hat mich dein Freund Axel schon geküsst.«

Winterfreuden

Es war Winter. Ein paar Tage lang war ein eisiger Wind über das Land gebraust und hatte den Schnee von der Eisdecke des Sees gefegt. Immer noch war es kalt, aber der Wind hatte sich gelegt, und die Sonne schien.

Oma und Peter befanden sich auf dem Wege zum See. Sie zog den Jungen auf einem Schlitten hinter sich her. Beide trugen von Oma gestrickte Pudelmützen und lange Schals, Peter in Rot und Oma in Grün.

Oma hatte an einer Schnur einen großen Muff um den Hals hängen. In der linken Hand trug sie ihre Schlittschuhe und den Regenschirm. Lehrer Pieselang, der ihnen begegnete, musterte sie missbilligend.

»Du willst Schlittschuh laufen? Bist du nicht etwas zu alt dafür? Und die Mütze finde ich auch zu jugendlich für dich.«

»Man ist so jung, wie man sich fühlt«, erwiderte Oma, und da es gerade bergab ging, setzte sie sich zu Peter auf den Schlitten.

»Aber was willst du mit dem Regenschirm?«, rief der Lehrer ihr noch nach.

»Man weiß nie, wozu man ihn gebrauchen kann!«, antwortete Oma im Davonsausen.

Auf dem See herrschte ein reger Betrieb. Es wimmelte von Kindern. Brigitte, mit blauem Schal und blauer Mütze, machte ihre ersten Versuche auf Schlittschuhen und stakste knickebeinig einher. Mehr als fünf Schritte schaffte sie noch nicht, dann saß sie auf dem harten Eis. Jan, der einen gelben Schal und eine gelbe Mütze trug, kam wie der Wind daher gebraust und hielt mit einer eleganten Wendung vor Oma an.

»Nice to see you, old girl!«, rief er und war schon wieder fort. Der dicke Frieder folgte ihm ruhig und unbeirrt mit den Händen in den Hosentaschen wie eine kleine Dampfwalze. Jürgen, der Sohn des Bürgermeisters, bemühte sich, einer Gruppe von Mädchen mit seinen Künsten zu imponieren. Sie bewunderten seine neuen Schlittschuhstiefel. Aber als er bei einem Versuch, eine Acht zu drehen, auf die Nase fiel, stoben sie kichernd davon.

Nachdem Oma ihre Schlittschuhe angeschraubt hatte, glitt sie auf das Eis. Die Kinder bildeten einen Kreis um sie und sahen ihr bewundernd zu. Die Pieselang-Kinder waren sehr stolz auf ihre Oma. Sie machte ruhige kleine Schritte, wiegte und drehte sich. Die Hände hatte sie in den Muff gesteckt und den

Regenschirm über den Arm gehängt. Ihre grüne Pudelmütze und der Schal leuchteten, und ebenso leuchtete ihre Nase, die immer röter wurde. Ab und zu machte sie einen kleinen Hüpfer, sodass ihr langer schwarzer Rock flatterte. Dann drehte sie eine Acht, und sie fiel dabei nicht auf die Nase. Alle schauten Oma zu. Niemand interessierte sich mehr für Jürgen und seine neuen Schlittschuhstiefel.

Um die Aufmerksamkeit des Publikums wieder auf sich zu lenken, zog er Jan an seinem langen Schal und fragte herausfordernd: »Kommst du mit in die Krebsbucht?«

Jan blickte zweifelnd zu der kleinen Bucht hinüber, in der man im Sommer gut Krebse fangen konnte. Im Winter fror die Bucht aus einem unerfindlichen Grund selten ganz zu. Immer wieder wurden die Kinder von den Eltern und Lehrern davor gewarnt, dort das Eis zu betreten.

Oma hielt mitten in einem kunstvollen Bogen an. »Das würde ich euch nicht raten!«

Jürgen beachtete Oma gar nicht. »Na, kommst du mit?«, fragte er Jan noch einmal.

»Nein, er kommt nicht mit!«, sagte Oma bestimmt. »Und du solltest auch hier bleiben.«

Jürgen wandte Jan den Rücken. »Wenn du solch ein Muttersöhnchen bist, lauf ich eben

mit jemand anderem. Frieder, kommst du mit?«

Frieder schob seinen Kaugummi in die andere Backe und tippte sich mit dem Finger an die Stirn.

»Gut, dann geh ich allein!«, sagte Jürgen wütend und sauste davon, ehe Oma ihn zurückhalten konnte. In der Bucht fuhr er ein paar Bögen. »Feiglinge, Feiglinge!«, rief er herüber.

Jetzt hielt es Jan nicht länger; er setzte zum Lauf in die Bucht an. Aber Oma erwischte ihn am Ende seines gelben Schals. »Hier geblieben!«

»Aber du siehst doch, dass das Eis hält. Warum willst du mich nicht ...«

Ein dumpfes Krachen unterbrach ihn. Jürgen war plötzlich in der Tiefe verschwunden. Wie der Wind sauste Oma zum Ufer, schnallte ihre Schlittschuhe ab und lief am See entlang zur Krebsbucht.

»Kommt mir nach!«, rief sie.

Die Kinder folgten ihr, so schnell sie konnten. Gellende Hilfeschreie empfingen sie in der Bucht. Jürgen klammerte sich mit beiden Händen an den Rand des Eisloches. Er schrie und zappelte.

»Halt den Schnabel!«, rief Oma. »Wir kommen ja schon. Aber wir können dir nur helfen, wenn du vernünftig bist.«

»Hilfe, Hilfe!«, schrie der Junge.

»Wenn du nicht sofort aufhörst zu schreien, kehren wir um und lassen dich allein!«

Jürgen schloss entsetzt den Mund.

»Leg deine Arme aufs Eis und versuch, den Oberkörper etwas hochzuziehen, aber ganz langsam.«

Alles atmete auf, als das gelang.

»Und nun mach keine Bewegung mehr. Lieg ganz still!«

»Aber meine Beine!«, jammerte Jürgen.

»Lieg still, sage ich dir!«, rief Oma.

Unterdessen waren fast alle Kinder in der Bucht angekommen, sogar der kleine Peter mit seinem Schlitten.

»Passt auf«, sagte Oma. »Ich lege mich jetzt aufs Eis. Ihr bleibt am Ufer und haltet meine Beine fest. Wenn ich einbreche, zieht ihr.«

Sie legte sich auf den Bauch und schob sich langsam auf dem Eis voran, an ihren Beinen eine Traube von Kindern. Mit weit aufgerissenen Augen blickte Jürgen ihr entgegen. Sie streckte die Arme aus, konnte ihn aber nicht erreichen.

»Werft mir meinen Regenschirm zu!«, rief sie.

Brigitte ließ den Schirm bis zu Oma schlittern. Oma ergriff die Spitze und schob die Krücke zu Jürgen hin. Hastig packte der zu.

»Langsam«, rief Oma, »ganz langsam!«

Dann befahl sie den Kindern, die ihre Beine
hielten: »Und nun zieht!«

Die Kinder zogen aus Leibeskräften. Oma
rutschte rückwärts auf das Ufer zu, in ihren
Händen den Schirm, an dessen Krücke Jürgen
hing. Endlich stand der tropfnasse Junge am
Ufer.

»Schnell nach Haus!«, sagte Oma kurz.

Aber Jürgen war so erstarrt, dass er nicht
gehen konnte. Die Tränen liefen ihm über die
Backen und wurden zu Eis. Oma setzte ihn
auf den Schlitten, und der ganze Zug bewegte

sich zu Pieselangs Häuschen, das dem See am nächsten lag. Mutter sah ihn kommen und erschrak. Was war geschehen? Als sie in dem Kinderhaufen die rote, die blaue, die gelbe und die grüne Zipfelmütze leuchten sah, atmete sie auf. Zu Hause angekommen, drängte alles hinter Oma und Jürgen her durch Pieselangs Haustür. Vor ihrem Zimmer blieb Oma stehen.

»Lass ein heißes Bad ein«, bat sie die Mutter. »Und ihr bleibt erst einmal draußen!« Damit verschwand sie mit Jürgen im Zimmer und ließ die Kinder vor der Tür stehen. Sie lauschten gespannt. Zuerst hörten sie nur, dass nasse Kleider auf den Boden fielen, aber bald darauf stießen sie sich an.

»Klatsch«, ertönte es aus dem Zimmer und »aua, aua« und »klatsch« und »bitte niiicht« und »klatsch« und »ich will es ja nie wieder tun« und »klatsch«.

»Aber Oma!«, rief die Mutter, als sie zurückkam und die Tür öffnete.

»Ich habe ihn nur warm geklopft«, sagte Oma, indem sie Jürgen in ein großes Badetuch hüllte. »Ist das Bad fertig? Hinein mit ihm, und für mich bitte eine große Kanne Tee, damit mein Bauch wieder warm wird.«

»Auch eine Wärmflasche?«, fragte die Mutter.

»Nein, danke, Kater Fridolin genügt mir.«

Eine halbe Stunde später klopfte Jürgen zaghaft an Omas Tür. Er trug einen Anzug von Jan und war sehr schüchtern und bescheiden. Am warmen Ofen hingen seine nassen Kleider, darunter standen die Schlittschuhstiefel mit den Spitzen einander zugekehrt. Die Sachen sahen ebenso kläglich aus wie der Junge an der Tür. Scheu sah er in die Stube, die mit Kindern vollgestopft war. Auf der Bank, auf der Leiter zum Boden und auf dem Fußboden hockten sie und schmausten Nüsse und Bratäpfel.

Oma saß im Lehnstuhl, hatte eine Kanne Tee neben sich und Fridolin auf dem Schoß. Sie sah Jürgen über ihre Brille hinweg an. »Nun?«

»Ich – ich wollte um Verzeihung bitten.«

»So, so.«

»Und dann« – Jürgen wand sich vor Verlegenheit – »und dann wollte ich fragen, ob mein Vater davon erfahren wird. Dann kriege ich nämlich schreckliche Haue, und das ist doch nicht nötig, weil Sie mich schon verhauen haben.«

»Da hast du allerdings Recht«, sagte Oma. »Du siehst also ein, dass es nötig war?«

»Ja, sehr nötig«, antwortete Jürgen eifrig.

»Na gut, dann lassen wir es dabei bewenden. Setz dich hin und lass dir einen Bratapfel geben.«

Peters Tag

Die ganze Familie war zur Hochzeit von Mutters Schwester eingeladen, nur nicht Peter und das Baby. Peter fand es empörend, dass er nicht mitdurfte und trampelte wütend mit den Beinen.

»Lass nur, Peter«, sagte Oma, »ich bleibe auch zu Haus. Wir machen uns zusammen einen schönen Tag!«

Da wurde er still. Ein Tag mit Oma allein war etwas Verlockendes. Niemand würde sie ihm wegnehmen. Wenn er sonst mit ihr im schönsten Spiel war, kam meistens jemand und sagte: »Oma, hilf mir bei den Schularbeiten«, oder »Oma, näh mir bitte den Knopf an!« Jetzt würde er sie einen ganzen Tag lang für sich haben, denn das Baby zählte nicht.

Als die anderen fort waren, frühstückten Oma und Peter erst einmal gemütlich. Zwischendurch ging Oma eine Weile aus dem Zimmer, weil das Baby schrie.

Schnell stellte Peter dem Kater seinen Teller mit Haferflockenbrei hin. Fridolin schleckte den Brei aus, und als Oma zurückkam, saß Peter

wieder auf seinem Platz und hatte den leeren Teller vor sich. Oma warf einen kurzen Blick auf Fridolin und sagte streng: »Aber Peter, du hast ja deinen Brei nicht allein aufgegessen!«

Peter staunte. Konnte Oma hellsehen? Sie gab gleich noch eine Probe ihrer Kunst.

»Außerdem hast du wieder am Daumen gelutscht!«

Woher wusste sie das nun wieder? Peter hatte doch nur vorhin aus Trauer über den Abschied von der Familie auf einem gewissen Örtchen genuckelt, wo ihn bestimmt niemand sehen und »Baby« nennen konnte. Ratlos betrachtete er seine nicht sehr sauberen Hände, an denen nur der Daumen strahlend weiß war. Oma imponierte ihm mächtig. Sie war eine große Zauberin.

»Nun müssen wir dich aber auch bestrafen«, sagte Oma. Sie

überlegte. »Zur Strafe bekommst du heute Mittag keinen Spinat.«

»Ich esse ja gar nicht gerne Spinat!«, rief Peter erfreut.

»Das dachte ich mir. Fast alle kleinen Kinder essen nicht gern Spinat; nur große mögen ihn. Du bist eben noch sehr klein.«

Peter schwieg betreten. Aber Oma war nicht nachtragend, und bald schwatzten sie beide vergnügt. Nach dem Frühstück wurde das Baby gewickelt. Er guckte interessiert zu, wie Oma es aus dem Bettchen hob. Bis jetzt hatte er es nur immer im Wickeltuch gesehen.

»Oma, hat unses Baby auch Beine?«, fragte er.

»Unser Baby, heißt es«, verbesserte ihn Oma. »Guck selber, ob es Beine hat!«

Es hatte welche, winzige und rosige, die mächtig strampelten. Und wie winzig waren erst die Zehen! Das Baby war süß, aber es hatte zwei Eigenschaften, die Peter missfielen. Es roch nicht appetitlich, und es schrie, dass einem das Trommelfell dröhnte. »Könnten wir nicht einen Korken reinstecken?«, meinte er.

»Wo?«, fragte Oma.

»Oben, damit es aufhört zu schreien.«

»Lass nur, es wird gleich aufhören.« Nachdem Oma das Baby frisch eingepackt hatte, nahm sie es auf den Schoß und gab ihm die Flasche. Behaglich schmatzend trank es, schrie nicht mehr und roch auch nicht mehr unangenehm. Peter fand es wieder sehr süß.

Danach fütterten sie die Vögel. Oma hatte vor ihrem Fenster ein Vogelhäuschen, in das sie Futter streuten. In ein Schälchen unter dem Apfelbaum legten sie Erdnüsse. Vom Fenster aus beobachteten sie dann, wie Grünfinken und Spatzen herbeikamen und sich im Futterhäuschen drängelten. Ein paar zierliche Blaumeisen wagten sich nur zaghaft heran und stahlen flink zwischen den streitsüchtigen Finken ein Körnchen. Schließlich kam ein dicker bunter Dompfaff und jagte sie alle fort. Mit seinem breiten Schnabel zerkrachte er mit Behagen die Sonnenblumenkerne. Am Schälchen unter dem Apfelbaum aber saß ein Eichhörnchen, holte sich mit den Pfötchen Erdnüsse heraus und schmauste.

Nun musste Oma Windeln waschen und Essen kochen. Peter ging in den Garten und begann, einen Schneemann zu bauen. Er mühte sich ab, einen recht dicken Bauch zustande zu bringen. Nach einer Weile kam Frieder mit dem Schulranzen auf dem Rücken und half ihm, und bald stand eine stattliche weiße Gestalt unter dem Apfelbaum.

Dieser Schneemann aber wurde eine Schneefrau mit einer Mohrrübennase, schwarzen Kohlenaugen, Omas Strohhut auf dem Kopf und ihrem Regenschirm in der Hand.

Als Oma im Garten erschien, erkannte sie sich sofort. »Das bin ja ich. Wie ähnlich ich geworden bin! Sogar die rote Nase ist da. Nur der Bibi fehlt noch!«

Der Bibi war ein schmaler Pelzkragen, den Oma trug, wenn sie sich fein machte. Peter wollte ihn holen, aber Oma hielt ihn zurück. Sie nahm die Erdnüsse aus dem Schälchen, legte ein paar vor die Schneefrau und die anderen auf den Strohhut. Dann ging sie mit Peter ins Haus. Bald sahen die beiden durchs Fenster, wie das Eichhörnchen erschien. Als es sein Schälchen leer fand, hüpfte es zu der Schnee-Oma, fraß die Nüsse zu ihren Füßen, kletterte dann am Regenschirm nach oben und thronte schließlich knabbernd auf dem Hut. Den Schwanz hatte es wie einen hübschen rostroten Pelzkragen um die Schultern der Schneefrau gelegt. »Siehst du!«, sagte Oma.

Zum Mittagessen stellte sie für sich und Peter je einen Teller mit Setzei und Kartoffeln hin. Aus der Schüssel mit Spinat füllte sie sich allein auf.

Peter schluckte. »Ich würde auch ganz gern mal Spinat versuchen.«

Oma schüttelte den Kopf. »Du bist noch zu klein.«

Peter aß sein Ei. Es wollte ihm gar nicht so recht schmecken. Sonst mochte er Spinat gar nicht, aber plötzlich hatte er richtig Appetit darauf.

»Ich bin doch gar nicht mehr so klein, wenn ich eine Schnee-Oma bauen kann.«

»Da hast du allerdings Recht. Versuchen wir's! Wenn er dir schmeckt, bist du größer, als ich dachte.«

Peter füllte sich den Teller voll. »Mm, schmeckt gut«, meinte er, während er ihn leer aß.

»Sieh mal einer an, so erwachsen bist du schon!«, sagte Oma.

Nach dem Essen versorgte sie das Baby. Dann lief sie in ihrem Zimmer eine Stunde Rollschuh. Peter fuhr mit seinem Dreirad hinter ihr her. Danach hielten sie Mittagsruhe auf Omas Schlafboden.

Oma legte sich ins Bett, und Peter durfte mit Kater Fridolin in die Hängematte. Es war sehr gemütlich. Oma schnarchte sanft. Die Hängematte schwang leise hin und her, und bald schlief Peter auch.

Am Nachmittag gingen sie »konditorn«, wie Oma es nannte, wenn sie im Dorf in der kleinen Konditorei Kuchen essen gingen. Das kam nicht oft vor, denn bei sechs Kindern konnten sich Pieselangs diesen Luxus nur selten leisten. Aber heute war ein besonderer Tag.

»Zieh den guten Anzug an«, sagte Oma.

»Du musst mir helfen«, bat Peter.

»Kannst du dich immer noch nicht allein anziehen?«

»Nein, dazu bin ich noch zu klein.«

Oma half ihm schweigend. Dann marschierten sie durch die frische Winterluft. Oma schob den Kinderwagen. Sie war sehr fein angezogen und hatte den Bibi um den Hals.

In der Konditorei bestellte Oma für sich Kaffee und Apfelkuchen und für Peter Kakao und einen Mohrenkopf mit Schlagsahne. Der Kinderwagen stand neben ihrem Tisch; das Baby schlief. An den Nachbartischen saßen mehrere alte Damen.

Auf einmal sagte Peter: »Ich muss mal!«

Oma erhob sich seufzend. »Wo ist die Toilette?«, fragte sie die vorübergehende Kellnerin.

Das Fräulein blickte unentschlossen zwischen Oma und Peter hin und her. »Für Damen rechts, für Herren links.«

Oma steuerte nach rechts, aber Peter zog sie nach links. »Für Herren ist da!«

»Du bist so klein, du kannst noch ›für Damen‹.«

»Ich will aber ›für Herren‹!«

Oma versuchte, ihn nach rechts zu ziehen, doch er gab nicht nach. Die Damen an den Tischen guckten dem Ringkampf gespannt zu.

»Dann musst du eben allein gehen«, sagte Oma schließlich und kehrte an ihren Tisch zurück. Mit hocherhobenem Kopf verschwand Peter hinter der Tür »für Herren«.

Oma aß ihren Kuchen auf und schaukelte den Kinderwagen, weil das Baby anfing zu schreien. Nach einer Weile erschien im Türspalt »für Herren« Peters Kopf.

»Oma«, flüsterte er so laut, dass alle sich nach ihm umdrehten, »Oma, knöpf mir die Hose zu!«

Oma zuckte mit den Schultern. »Ich kann nicht fort. Wenn ich den Wagen nicht schaukele, schreit das Baby. Komm her!«

So musste Peter, krampfhaft seine Hosen hochhaltend, an den kichernden Damen vorbei, das Café durchqueren.

Auf dem Heimweg sagte Oma: »Du siehst, wie wichtig es ist, dass man lernt, sich allein an- und auszuziehen.«

Sie übten es den ganzen Nachmittag lang, und am Abend konnte Peter es wirklich allein.

»Nun aber schnell in die Küche!«, rief Oma. »Bald kommen unsere Leutchen nach Haus, und sie haben sich für heute Abend Eierkuchen bestellt.«

Peter sah Oma beim Backen zu. Sie goss den flüssigen Teig in die Pfanne, ließ ihn ein wenig fest werden und warf dann mit einem Schwung den Kuchen in die Luft, wo er sich einmal umdrehte und mit der anderen Seite wieder in der Pfanne landete. Immer höher warf Oma die Kuchen.

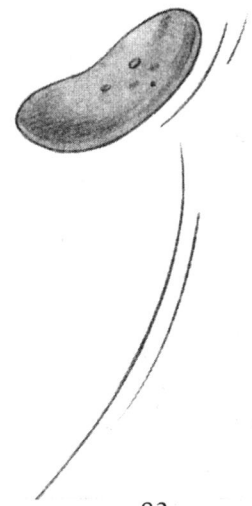

»Kann ich auch mal?« Als Peter es versuchte, fiel der Kuchen auf die Erde.

»Es ist noch kein Meister vom Himmel gefallen«, sagte Oma.

Der zweite Kuchen fiel auf den Stuhl neben dem Herd.

»Schon besser«, sagte Oma.

Der dritte, bei dem sie Peters Hand führte, kam wieder in die Pfanne zurück.

Beim Abendbrot machte sich die ganze Familie begeistert über die Eierkuchen her. Als Peter ins Bett ging und Ingeborg ihn ausziehen wollte, sagte er: »Nicht nötig, das kann ich selber! Ich kann auch Spinat essen und Eierkuchen backen. Ich bin heute sehr erwachsen geworden.«

Omas Geburtstag

Es war noch früh am Morgen. Jan sprang mit einem Satz über den niedrigen Zaun, der den Garten von der Straße abgrenzte. Schade, dass es nicht noch mehr Zäune gab! Er war so vergnügt und übermütig, dass er nur immer hätte springen und hüpfen mögen.

Sonntag war heute, ein Mai-Sonntag und dazu noch Omas Geburtstag.

Er hatte ein wunderschönes Geburtstagsgeschenk für Oma. Weil sie ja beide eines Tages zusammen nach Amerika auswandern wollten, hatte er ihr eine Indianerhaube gebastelt. Monatelang hatte er in der ganzen Umgebung Federn gesammelt. Auf der Hühnerfarm war er Stammgast gewesen, wo seine Freundin Karoline ihm sammeln half. Er hatte die Federn an einen Lederstreifen genäht und ihn mühsam mit bunten Perlen bestickt. Die Haube war schön, nur fehlte vorn noch eine besonders große und bunte Feder. Tagelang war er um den stattlichsten Hahn der Hühnerfarm herumgeschlichen, dem eine passende Feder aus dem Schwanz hing. Bis jetzt hatte sie im-

mer noch an seinem buschigen Hinterteil ge-
haftet, doch nun würde er sie gewiss verloren
haben.

Auf der Farm schlief noch alles. Jan nahm leise
den Schlüssel zum Hühnerstall von einem Haken an einem Geräteschuppen. Wie ein Indianer schlich er dann in den Stall. Die Hühner saßen noch aufgeplustert wie Federknäuel auf
ihren Stangen und schliefen. Ein paar blickten
ihn blinzelnd an. Als sie sahen, dass er keine
Futterschüssel trug, steckten sie den Kopf wieder in die Federn.

Der große Hahn, der ein Frühaufsteher war,
stolzierte mit majestätischem Schritt durch
den Mittelgang und betrachtete sein schlum-
merndes Volk. Die Feder hing immer noch aus
dem Schwanz und schleifte traurig über die
Erde. Jan brauchte sie aber unbedingt noch
heute. Ob er ein wenig nachhelfen sollte? Er
versuchte, den Vogel zu greifen. Doch weil er
zu hastig war, bekam der Hahn Angst und
sauste mit langen Schritten und flatternden
Flügeln durch den Raum. Die Hühner
wachten auf. Als sie ihren Herrn und
Meister in so großer Not sahen, erho-
ben sie ein lautes Geschrei. Endlich hatte Jan das wild um sich schlagende Tier

gepackt und setzte sich mit ihm auf eine Treppe. Die Feder saß fester, als er geglaubt hatte.

Als er sie endlich in der Hand hielt und mit
etwas schlechtem Gewissen den blutigen Federkiel betrachtete, ergoss sich plötzlich eine Flut
von Schimpfworten über ihn.

»Was fällt dir ein, was machst du mit meinem schönsten Hahn? Willst du ihn umbrin-
gen? Ich zeige dich bei der Polizei an, die wird
dich einsperren!« Vor Jan stand Karoline im

Schlafanzug mit zerzaustem Haar und zorn-funkelnden Augen. »All die Wochen hab ich dir meine schönsten Federn gegeben«, schrie sie, »und nun reißt du heimlich meinem Hahn den Schwanz aus!«

Der Hahn, den Jan inzwischen losgelassen hatte, schüttelte sich und stolzierte davon. Als Karoline sah, dass sein Schwanz noch ebenso schön wie vorher aussah, beruhigte sie sich und sagte etwas sanfter: »Ich dachte, der Fuchs wäre im Stall, weil die Hühner so schrien.«

»Sei nicht böse, Karoline, ich hab ihm nur eine lose Feder ausgezogen. Es ging ganz leicht.« Jan verbarg den blutigen Federkiel. »Oma hat doch heute Geburtstag, und da brauche ich die Feder dringend.«

Karoline brummte noch etwas vor sich hin, dann setzte sie sich neben ihn auf die Treppe und fragte: »Kann ich nicht auch zum Geburts-tag kommen?«

Jan versprach ihr, dafür zu sorgen, dass sie eingeladen würde, und da war sie völlig ver-söhnt.

Um acht Uhr wurde Oma durch ein Ständchen geweckt. Ingeborg spielte auf der Geige, und die Kinder sangen »Geh aus, mein Herz, und suche Freud«.

Fertig angezogen, in ihrem besten schwarzen Kleid, stieg Oma langsam die Leiter vom Schlafboden herunter. Nun gab es ein Küssen und Gratulieren. Oma wurde fast erdrückt. Jeder wollte sein Geschenk zuerst überreichen.

Peter hatte ein Bild gemalt. »Das bist du, Oma«, sagte er. »Guck mal, du hast nicht nur Kopf und Beine, du hast auch einen Bauch, und zähl mal die Finger!«

Während sie zählte, sah er sie gespannt an. »Eins, zwei, drei, vier, fünf. Stimmt genau!«

Er bekam einen Kuss.

Brigitte hatte Oma ein Paar Pulswärmer gestrickt, aus schwarzer Wolle und ganz weich.

»Wie schön!«, rief Oma. »Nun brauche ich nicht mehr zu frieren.«

»Jetzt im Sommer friert man ja sowieso nicht«, sagte Jan.

»Auch im Sommer gibt es kühle Tage«, meinte Oma.

Nun zog Jan die Indianerhaube hinter seinem Rücken hervor. Oma war ganz überwältigt.

Heiner überreichte ihr eine Riesenschachtel mit Konfekt, und Ingeborg hatte ihr eine weiße Bluse genäht.

Paulchen flog auf ihre Schulter und rief: »Hoch soll sie leben!« Eifersüchtig strich Kater

Fridolin, dem Brigitte ein rotes Band um den Hals gebunden hatte, um Omas Beine.

Erst ganz zum Schluss konnten die Eltern ihre Glückwünsche anbringen. Vater Pieselang küsste Oma auf die Wange und sagte: »Alles Gute, meine ewig junge Mama!«

»Manchmal bin ich dir ein bisschen zu jung, nicht wahr?«, lachte Oma.

Die ganze Familie versammelte sich um die große Frühstückstafel. Omas Platz war mit Blumen geschmückt. Auch das Baby war dabei. Ingeborg fütterte es mit Brei. Plötzlich rief sie: »Oma, das Baby schenkt dir auch etwas zum Geburtstag!«

Alle schwiegen erwartungsvoll und sahen zu ihr hin. Sie steckte den Löffel in Babys Mund

und bewegte ihn ein wenig hin und her. Kling!, machte es, kling!

»Der erste Zahn! Es hat seinen ersten Zahn bekommen, genau an Omas Geburtstag!«, jubelte die ganze Familie.

Darüber musste das Baby so lachen, dass alle das weiße Zähnchen blitzen sahen.

»Was für ein herrlicher Tag!«, sagte Oma.

Aber die eigentliche, die große Überraschung sollte erst noch kommen. Sie waren im schönsten Schmausen, da klopfte es an die Tür. Feuerwehrmann Meyer I, der auch Botengänge für das Bürgermeisteramt machte, trat ein, schritt mit ernstem Gesicht auf Oma zu, verbeugte sich und überreichte ihr einen großen Brief. Dann stand er stramm, wie vor einem General, machte kehrt und marschierte wieder zur Tür hinaus. Mit zitternden Fingern versuchte Oma, den Brief zu öffnen, was ihr erst gelang, als sie eine Haarnadel aus ihrem Zopf zu Hilfe nahm. Während die andern gespannt zuhörten, las sie laut:

»Sehr verehrte, gnädige Frau!

Erst jetzt ist es dem Bürgermeister zu Ohren gekommen, dass Sie in diesem Winter seinen Sohn unter Einsatz des eigenen Lebens vom Tode des Ertrinkens gerettet haben. Außerdem haben wir erfahren, dass Sie Geburtstag haben, und aus diesem Grunde möchte Ihnen der dankbare Herr Bürgermeister heute um 12 Uhr mittags ein kleines Geschenk überreichen.

Mit den ergebensten Grüßen

Baumann

Sekretär der Bürgermeisterei«

Ein verblüfftes Schweigen folgte. Dann aber brach ein Sturm los. Wieder drängte sich alles um Oma, die ganz verlegen war.

»Was für ein Unsinn, so groß war meine Tat nun wirklich nicht. Woher wissen sie das nur? Ob der arme Junge nun noch einmal Haue bekommen hat? Ich hab's ihm doch schon so tüchtig gegeben!«

»Aber Oma, freu dich doch, das ist eine große Ehre!«, rief Heiner.

»Ich glaube, ich muss mich jetzt etwas zurückziehen«, sagte Oma mit zittriger Stimme. »Ich will mich ein bisschen vorbereiten.« Mit dem Brief in der Hand ging sie in ihr Zimmer.

Die Aufregung erreichte ihren Höhepunkt, als man kurz vor zwölf Uhr vom Dorf herauf einen Zug auf Pieselangs Häuschen zuwandern sah. Voran marschierten der Bürgermeister und der Gemeindeschreiber, dann folgten Feuerwehrmann Meyer I mit seiner Trompete unter dem Arm und der Schmied in seinem Arbeitsanzug. Hinter ihnen führte Fuhrmann Petersen seine beiden Gäule, die einen Wagen mit einer verdeckten Last zogen. Das halbe Dorf begleitete sie. Vor dem Haus stellten sie sich schweigend mit ernsten Gesichtern auf.

»Hol Oma!«, flüsterte Lehrer Pieselang Brigitte zu. Aber da erschien sie schon. Der Feuerwehrmann blies einen Tusch auf seiner Trompete, der Bürgermeister trat in seinem feierlichen schwarzen Anzug einen Schritt vor und sagte:

»Die Gemeinde dankt Frau Angelika Pieselang, geborene von Haselburg, für die mutige Tat, die ein junges Menschenleben dem Tode entrissen hat.«

Jan hätte beinahe vor Rührung geweint, so schön fand er die Ansprache.

Der Bürgermeister fuhr fort: »Gestatten Sie, gnädige Frau, dass ich dieser Amtshandlung noch ein paar persönliche Worte zufüge. Ich bin bei der Sache besonders betroffen, weil es sich um meinen Sohn, meinen einzigen Sohn, diesen verflixten Lausebengel, handelt. Deshalb möchte ich noch einen kleinen Dank beifügen. Ich habe versucht zu erforschen, was Ihnen eine besondere Freude bereiten würde, und hier ist sie nun!« Er gab dem Feuerwehrmann und dem Schmied ein Zeichen, worauf die beiden die Plane von dem Wagen zogen. Ein seltsames Gestell lag darauf, fast wie eine hohe Teppichstange. Was mochte das sein? Der Bürgermeister zog lächelnd ein gelbes Schaukelbrett und zwei Ringe an festen Seilen aus einem Karton.

Der Lehrer schnappte nach Luft. »Eine Schaukel? Aber meine Mutter ist doch kein Kind mehr. Wie kommen Sie denn darauf?«

Der Bürgermeister sah ihn etwas unsicher an. »Ich dachte, es wäre ihr Wunsch, und da die gnädige Frau Rollschuh läuft, schien mir das gar nicht so abwegig. Man hat mir doch gesagt, es wäre ihr innigster Herzenswunsch!«

»Wer hat Ihnen das gesagt?«, fragte der Lehrer.

»Ihr Sohn Jan.«

»Jan!«, donnerte der Lehrer.

Aber Jan war nicht zu sehen; er hockte im Apfelbaum, dessen Blätter zum Glück schon sehr dicht waren.

»Jan!«, rief der Lehrer noch einmal.

Oma legte ihm die Hand auf den Arm. »Beruhige dich, mein Sohn. Der Bürgermeister hat mir wirklich einen Herzenswunsch erfüllt.«

Liebenswürdig wandte sie sich an das ganz verschüchterte Gemeindeoberhaupt. »Schon als Kind wünschte ich mir immer eine Schaukel, doch ich habe niemals eine bekommen.«

»Aber jetzt bist du kein Kind mehr!«, brummte der Lehrer.

»Nicht nur für Kinder ist die Schaukel da. Schon vor zweitausend Jahren haben die alten

Griechen gern geschaukelt, und zwar nicht nur die Kinder, sondern die Priester und Priesterinnen bei ihrem Gottesdienst.«

Jetzt schwieg der Lehrer. Alles, was die alten Griechen getan hatten, fand er gut und richtig.

Der Bürgermeister strahlte. Er reichte Oma den Arm, und sie gingen zusammen in eine Ecke des Gartens, wo der Schmied, der Feuerwehrmann und der Fuhrmann das Gestell der Schaukel aufbauten. Zum Schluss hängte Heiner die Schnüre in die Haken, legte das Brett zwischen die Ringe und trat zurück. Mit einem kleinen Jauchzer schwang sich Oma auf das Brett. Jan, der wieder aufgetaucht war, stieß sie an. Die Schaukel fing an zu schwingen, höher und höher.

Als Oma genug geschaukelt hatte, kamen die Kinder an die Reihe. Oma ging in ihr Zimmer, um ihre Geburtstagspost zu lesen. Vorher blickte sie noch einmal aus dem Fenster zur Schaukel hinüber, auf der Peter jubelnd hin und her schwang. Sie musste daran denken, dass sie und ihr Bruder Ludi sich als Kinder immer brennend eine Schaukel gewünscht hatten. Aber ihre ängstliche Mutter hatte nie erlaubt, dass sie eine bekamen. Unter den vielen Briefen, die sie erhalten hatte, fand Oma auch einen Brief von ihrem Bruder. Jetzt war

Ludi kein Kind mehr wie damals, sondern ein alter Mann. Er schrieb:

»Liebe Angelika!

Ich wünsche dir alles Gute zum Geburtstag, vor allem, dass du nicht zu viel Ärger mit deiner großen Enkelschar hast. Sicher wird sich das nicht vermeiden lassen, denn Kinder machen immer Ärger. Damit du dich von ihnen ein wenig erholen kannst, mache ich dir einen Vorschlag. Komm und besuch mich. Im nächsten Monat geht meine Haushälterin für vier Wochen auf Urlaub. Möchtest du mir nicht während der Zeit den Haushalt führen? Bei mir wirst du ein ruhiges und angenehmes Leben haben, und wir können einmal wieder von alten Tagen plaudern.

Dein dich herzlich liebender Bruder

Ludwig«

»Alter Brummbär«, murmelte Oma.

Draußen vor dem Fenster balgten sich Jan und Brigitte darum, wer nun schaukeln dürfe. Oma seufzte. Wie oft hatte sie sich als kleines Mädchen mit ihrem Bruder gebalgt. Ludi war ein wilder Junge gewesen, der nicht sehr zart mit seiner Schwester umging. Aber als sie einmal sehr krank war, hatte er ihr sein zahmes Eichhörnchen geschenkt. Oft hatten sie sich gezankt und doch immer wieder vertragen, genau wie Jan und Brigitte, die jetzt friedlich zusammen schaukelten. Brigitte hockte auf dem Brett, Jan stand mit gespreizten Beinen über ihr. Es müsste nett sein, den alten Brummbären einmal wiederzusehen.

Da wurde die Tür aufgerissen, und Peter stürmte herein. »Oma, komm zum Mittagessen! Es gibt einen ganz großen Braten und Schokoladenpudding mit Schlagsahne und Wein zum Trinken. Alle wollen ›Prost‹ sagen und mit dir anstoßen, und ich auch!«

Reise in die Ferien

Der Zug hielt auf einer kleinen Station. Niemand stieg aus. Ein paar Reisende lehnten sich aus den Fenstern. »Hier werden wir nicht lange halten«, meinte ein Herr mit einer Baskenmütze.

Der Stationsvorsteher mit der roten Mütze rief: »Einsteigen, Türen schließen!« Schon wollte er seine Abfahrtskelle hochheben, da kam ein kleines Mädchen atemlos auf ihn zugelaufen. Einer ihrer blonden Zöpfe hatte sich aufgelöst, und die Haarsträhnen hingen ihr ins Gesicht.

»Halt, halt!«, rief sie. »Meine Oma lässt Sie bitten, noch zu warten, sie kommt gleich.« Der Stationsvorsteher lief rot an. »Was soll das heißen?

Ich kann doch nicht wegen irgendeiner Oma den ganzen Zug aufhalten. Wer bist du überhaupt?«

»Brigitte Pieselang.«

»Ach so, es handelt sich um Großmutter Pieselang! Dann ist es natürlich etwas anderes. Warum hast du das nicht gleich gesagt?« Der Stationsvorsteher schob seine Kelle unter den Arm und fing an, auf dem Bahnsteig hin und her zu gehen.

»Warum fahren wir nicht weiter?«, rief der Herr mit der Baskenmütze.

»Geduld, Geduld«, sagte der Stationsvorsteher.

Inzwischen hatten sich noch mehr Reisende an den Fenstern versammelt. Sie beobachteten, wie ein Junge mit einem prall gefüllten Rucksack den Schauplatz betrat.

»Wo ist Oma?«, fragte Brigitte.

»Sie ist noch mal zurückgelaufen, weil sie Paulchen vergessen hatte«, sagte Jan.

Endlich kam Oma mit ihrem lila Strohhut auf den Bahnsteig. In der rechten Hand trug sie den Käfig mit dem Wellensittich, in der linken den Regenschirm. Eine Traube von Menschen hing an ihr wie die Bienen an ihrer Königin. Peter klammerte sich an ihre Rockfalten. Als er den Stationsvorsteher sah, ließ er sie los und lief zu ihm.

»Ich habe auch eine rote Mütze!«, rief er stolz.

Der Stationsvorsteher beachtete ihn nicht, sondern ging zu Oma und nahm ihr den Wellensittich ab.

»Wie schön, gnädige Frau, dass Sie auch einmal wieder mit unserer Eisenbahn eine Reise machen.«

Oma nickte freundlich. »Guten Tag, Herr Schmidt. Wie geht es Ihrer Frau und den Kindern?«

Der Stationsvorsteher verbeugte sich tief. »Danke, der Frau geht es gut und Hans, Matthias und Gretel auch. Nur der kleine Willi hat schon so lange den Husten.«

»Ich habe auch eine rote Mütze!«, rief Peter.

Oma schob ihn beiseite. »Der Willi hat den Husten? Warten Sie, ich weiß da ein gutes Rezept. Ihre Frau soll Zwiebelsaft kochen, zusammen mit Kandiszucker. Das gibt einen heilsamen Hustensirup. Der Willi wird ihn nicht mögen, aber der Saft wird ihm helfen.«

»Ich habe auch eine rote Mütze, und sie ist ganz neu!«, schrie Peter jetzt so laut, dass alle zusammenzuckten.

»Deine Mütze ist sehr schön«, sagte der Stationsvorsteher, um ihn loszuwerden, und zu Oma: »Zwiebelsaft meinen Sie also. Ich werde es meiner Frau sagen.«

Unterdessen hatte Heiner ein leeres Abteil erspäht und eine Menge Koffer darin verstaut. Nun gab es eine große Küsserei. Vater und Mutter küssten Brigitte, Jan, Ingeborg und Peter, die fortfuhren; Brigitte, Jan, Peter und Ingeborg küssten Mutter, Vater und das Baby, die zurückblieben. Oma küsste alle; die, die mitfuhren, und die, die zurückblieben. Heiner, der auch nicht mitfuhr, entzog sich der Küsserei, indem er sich hinter einem Handwagen verbarg. Endlich stiegen die Mitfahrenden ein. Oma wurde, höflich von dem Stationsvorsteher gestützt, als Letzte ins Abteil geschoben. Der Stationsvorsteher wollte schon die Kelle heben, da fiel ihm ein, dass er noch den Käfig mit dem Wellensittich in der Hand hielt. Er reichte ihn Oma hinauf, und dann rief er endlich: »Achtung, Türen schließen, Abfahrt!«

Aber er musste noch ein Stück neben dem fahrenden Zug herlaufen, weil Oma sich aus dem Fenster lehnte und rief: »Vergessen Sie den Zwiebelsaft nicht. Und hinterher geben Sie dem Willi ein Stück Kandiszucker!«

Der Stationsvorsteher nickte und winkte, und Vater, Mutter und Heiner winkten auch.

Die Reisenden setzten sich wieder auf ihre Plätze. Der Herr mit der Baskenmütze sah nach der Uhr und murmelte empört: »Zwölf Minuten Zugverspätung wegen einer Oma!«

Pieselangs richteten sich in ihrem Abteil ein. Ingeborg zog Peter den Mantel aus, aber die Mütze ließ er sich nicht abnehmen; er behielt sie auf und wagte es kaum, sich anzulehnen, um sie nicht zu zerdrücken. Brigitte flocht ihren aufgegangenen Zopf, Jan schnürte seinen Rucksack auf, holte ein großes Stück Kuchen heraus und biss hinein.

Oma hatte den Käfig mit Paulchen auf die Bank neben sich gestellt. Sie öffnete ihre große schwarze Reisetasche, nahm eine Tüte heraus, gab jedem ein Bonbon, steckte sich selbst eins in den Mund, holte das Strickzeug hervor und fing an zu stricken.

»Oma«, sagte Jan mit vollem Mund, »erzähl bitte von Onkel Ludi!«

»Ich habe euch doch schon so oft von ihm erzählt.«

»Macht nichts«, rief Brigitte, »erzähl es noch mal, es ist so spannend!«

»Also gut, dann hört zu. Onkel Ludi ist mein jüngerer Bruder, und deshalb ist er eigentlich euer Großonkel, auch wenn ihr Onkel zu ihm sagt. Er war schon als Kind ganz vernarrt in Tiere und hatte stets einen ganzen Zoo in seinem Zimmer. Weil er die Zimmertür nicht immer zuhielt, fanden wir oft an den merkwürdigsten Stellen im Haus Tiere, zum Beispiel einen Hamster im Mehltopf, eine Kröte im Nähkorb der Mamsell, die deshalb in Ohnmacht fiel, und eine Schlange in meinem Bett. Später studierte Onkel Ludi Zoologie, dann lebte er ein Jahr in Afrika, um dort die Tiere zu beobachten, und schließlich wurde er Zoodirektor.«

»Werden wir bei ihm im Zoo wohnen?«, fragte Jan. »Ja, seine Haushälterin hat vier Wochen lang Urlaub, und er hat mich gebeten, sie zu vertreten.«

»Gibt's da auch ganz große Tiere, Elefanten und so?«, fragte Peter ängstlich.

»Na klar!«, antwortete Jan. »Was wäre ein Zoo ohne Elefanten?«

»Die Elefanten will ich nicht sehen«, sagte Peter energisch. »Da mache ich lieber die Augen zu.«

»Angsthase, Angsthase!«, rief Jan.

»Weiß Onkel Ludi, dass ich mitkomme?«, fragte Ingeborg.

Oma schüttelte den Kopf. »Nein, aber es wird ihm nur recht sein, wenn er zwei Haushälterinnen statt einer bekommt.«

»Aber die Kinder – er weiß doch, dass die Kinder mitkommen?«

Oma sah Ingeborg nicht an, sie zählte Maschen und war sehr vertieft. »Die Kinder sollen eine Überraschung für ihn sein«, sagte sie schließlich.

»Aber Oma, du hast mir doch erzählt, dass er Kinder nicht mag und immer sagt, sie quälten Tiere und machten nur Unfug.«

Oma hob das Strickzeug dicht an die Augen, um eine Masche aufzunehmen. »Unsere Kinder quälen keine Tiere und sind überhaupt brav wie die Engel.«

Ingeborg blickte zweifelnd auf Jan und Peter, die sich um Peters Mütze rauften, und zog Brigitte zurück, die sich weit aus dem Fenster lehnte.

»Ach, Oma!«, seufzte sie.

Oma legte das Strickzeug beiseite und sah Ingeborg liebevoll an. »Beruhige dich, mein Kind, Onkel Ludi wird sich an uns gewöhnen. Und für die Kinder ist es doch etwas Wunderbares, einmal vier Wochen lang in einem Zoo zu leben, mitten zwischen all den Tieren.«

Es war Abend, als sie in der großen Stadt vor dem Zoo anlangten. Ein Wärter ließ gerade die letzten Besucher heraus und wollte das Tor zuschließen.

»Bitte, lassen Sie uns ein!«, sagte Oma.

»Tut mir Leid, meine Dame, wir schließen jetzt. Die Tiere müssen auch mal ihre Ruhe haben.«

»Ich bin die Schwester von Herrn von Haselburg und möchte ihn besuchen.«

»Oh, die Schwester vom Herrn Direktor!« Der Wärter machte eine Verbeugung. »Bitte, treten Sie ein. Und das Kindervolk, gehört das auch zu Ihnen?«

»Ja, es sind meine Enkelkinder.«

So öffnete sich das Tor vor ihnen, und beneidet von den Kindern, die eben hinausgeschickt worden waren, betraten sie den Zoo.

»Bleibt stehen und riecht erst einmal«, sagte Oma.

Sie schnoberten wie die Pferde; ein wilder, erregender Geruch drang in ihre Nasen. Sie hörten es wispern und schnattern und miauen. In der Ferne brüllte ein Raubtier.

Der Wärter hatte das Tor hinter ihnen zugeschlossen. »Bitte, hier entlang«, sagte er und ging ihnen voran.

»Dort sind die Elefanten!«, rief Jan und zeigte nach rechts.

»Ich will sie nicht sehen!« Peter kniff die Augen zu, klammerte sich an Omas Rock und ließ sich mitziehen. Jan guckte in jeden Käfig hinein und blieb bald zurück. Brigitte hielt sich dicht an Oma. Sie fand es schön, die Tiere undeutlich in der Dämmerung zu sehen, sie zu hören und zu riechen; es war aufregend und geheimnisvoll. Aber sie war doch froh, Oma neben sich zu haben. Vor einem hübschen weißen Haus, das Kästen mit bunten Blumen vor den Fenstern hatte, hielt der Wärter an.

»Das Direktorhaus«, sagte er mit einer Verbeugung. »Gute Nacht und einen schönen Aufenthalt im Zoo!«

Ingeborgs Herz klopfte, als Oma die Tür des Hauses öffnete. Ein Glockenspiel erklang.

»Wer ist da?«, rief eine Männerstimme. Ein alter Herr mit einem weißen Spitzbart guckte durch eine Tür.

108

»Deine Schwester ist da, lieber Ludi!«, rief Oma mit heller Stimme.

Der alte Herr verzog das Gesicht, als ob er Zahnschmerzen hätte. »Ludi!«, brummte er. »Kannst du dich nicht endlich daran gewöhnen, mich Ludwig zu nennen? Ich bin doch kein Kind mehr.«

»Du wirst immer mein kleiner Bruder bleiben«, sagte Oma und küsste ihn auf die Wange.

»Na ja«, meinte er, »ist schön, dass man dich mal wieder sieht, und hab Dank, dass du mir den Haushalt führen willst.« Dann erblickte er Ingeborg. »Aber wer ist denn diese junge Dame?«

»Das ist meine Enkelin Ingeborg. Sie wird mir im Haushalt helfen.«

»Na, dann kommt herein«, sagte er. Doch plötzlich fuhr er herum. Eine Kinderstimme rief: »Eine Schildkröte!«

Brigitte kniete auf dem Fußboden und streichelte den harten runden Rücken des drolligen Tieres, das unter einem Sofa hervorgewackelt kam.

»Wie kommt das Kind hier herein?«, fragte der alte Herr.

»Es ist auch eine Enkelin von mir«, antwortete Oma heiter.

»Du hast sie mitgebracht, obgleich du genau weißt, dass ich Kinder nicht mag?«

»Aber Ludi, Brigitte ist solch ein liebes kleines Mädchen.« Oma stellte den Käfig mit Paulchen auf den Tisch, legte Handtasche und Regenschirm daneben und fing an, sich die Handschuhe auszuziehen. Als sie sich dabei etwas zur Seite drehte, guckte hinter ihrem Rücken Peters rote Mütze hervor.

»Da ist ja noch jemand«, rief der Onkel und zog Peter zu sich heran. »Und blind ist er auch!«

»Er ist nicht blind. Er macht nur die Augen zu, weil er Angst vor den Elefanten hat.«

»Ein Großneffe von mir hat Angst vor Elefanten, du liebe Zeit!«, jammerte der Zoodirektor.

Oma nahm Peter an die Hand. »Mach die Augen auf, Liebling, dein Onkel ist kein Elefant, wenn er auch manchmal so tut.«

»Er hat ja einen Ziegenbart!«, rief Peter blinzelnd. Hastig packte Ingeborg ihn und Brigitte. »Ihr müsst euch erst einmal waschen«, sagte sie und führte die beiden hinaus.

»Angelika«, sagte der Onkel kopfschüttelnd zu Oma, »du hast dich nicht verändert.«

Da wurde die Tür aufgerissen. Jan stürmte herein und rief: »Oma, in der Badewanne schwimmt ein Alligator!«

Der Onkel betrachtete ihn über seine Brille hinweg. »Vorhin war es doch ein Mädchen«, sagte er verwirrt.

»Es sind zwei Jungen und zwei Mädchen«, erwiderte Oma fest. »Aber nun muss ich mir den Alligator angucken.« Und hinter Jan her lief sie zur Tür hinaus.

Der Onkel sank stöhnend in einen Sessel.

Der große Elefant

Das Haus war voller Überraschungen. Überall traf man auf Tiere. Sie kamen einem entgegen, wenn man eine Schublade aufzog oder eine Schranktür aufmachte. Sie lagen zusammengerollt unter den Betten und auch darin. Vögel hockten auf Gardinenstangen und Lampen. Die Kinder waren begeistert, auch Peter, der kleine Tiere sehr gern mochte. Nur die großen waren ihm unheimlich, besonders die Elefanten. Obgleich das Haus so interessant war, trieben sich Jan und Brigitte den ganzen nächsten Tag draußen zwischen den Tiergehegen herum, schlossen Freundschaft mit den Wärtern und kamen nur kurz zum Mittagessen herein. Peter blieb lieber bei Oma und Ingeborg in der Küche und beobachtete Paulchen, der sich mit der Schildkröte Berta angefreundet hatte. Der Wellensittich ließ sich auf ihrem Rücken herumtragen und schwatzte munter vor sich hin. Manchmal flötete er zärtlich: »Berta, Küsschen geben!« Wenn Berta dann ihren Kopf aus der Schale steckte, hieb er ihr kräftig mit dem Schnabel auf die Nase.

Beim Mittagessen war Brigitte still, weil sie sich vor dem Onkel fürchtete, aber Jan erzählte unbefangen von seinen Erlebnissen.

Der Onkel aß schweigend mit gerunzelter Stirn sein Kotelett.

»Hier ist ein Zebra, das hat nur vorne Streifen, hinten nicht«, sagte Jan.

»Das ist kein Zebra, das ist ein Quagga, ein seltenes Tier«, brummte der Onkel.

»Wo ist es her?«, fragte Jan.

»Aus Afrika.«

»Hast du es selbst gefangen?«

»Nein, ein Afrikaforscher hat es mitgebracht.«

»Aber du warst doch auch in Afrika.«

Der Onkel nickte.

»Hast du dort viele wilde Tiere gefangen?«

Der Onkel räusperte sich. Als er Omas Blick auf sich gerichtet sah, knurrte er: »Musst du beim Essen immer schwatzen?«

»Erzählst du mir später von Afrika?«, bat Jan.

»Ja, ja«, sagte der Onkel ungeduldig.

Auch am Nachmittag hatten Oma und Ingeborg eine Menge im Haus zu tun. Aber nach dem Abendbrot sagte Oma: »Jetzt will ich mir den Zoo auch einmal ansehen.«

Jan und Brigitte wussten nun schon gut Bescheid. Sie hakten Oma unter und zeigten ihr, wo die Affen und die Bären, die Vögel und die Seehunde wohnten. Ingeborg folgte mit Peter an der Hand. Als sie um eine Ecke bogen, standen sie plötzlich vor einem großen Elefanten. Zwischen Peter und dem Tier waren ein niedriger Zaun und ein tiefer Graben, aber er sah nur die mächtigen Beine, die wie Säulen aufragten, den großen Kopf mit den gewaltigen Stoßzähnen und den langen, langen Rüssel. Der Elefant war so groß und Peter so klein. Ängstlich kniff er die Augen zu. So konnte er nicht sehen, dass der Wärter mit dem großen Tier ein paar Kunststücke übte. Er hörte nur, wie Jan und Brigitte lachten. Sie lachten so vergnügt, dass er vorsichtig ein Auge aufmachte, gleich danach aber auch das andere aufriss. Es sah zu komisch aus, wie der Dickhäuter auf einem runden Podest einen Handstand machte. Dann ließ der Wärter ihn ein paar Schritte auf den Hinterbeinen gehen. Schließlich machte der Elefant mit seinem Rüssel eine Schleife, der Wärter setzte sich hinein und wurde sanft hochgehoben. Nach jedem Kunststück gab es ein paar Stückchen Zucker. Der Elefant schien sich über den Beifall der Zuschauer zu freuen. Es sah aus, als ob er lachte.

Auf einmal schwenkte sein langer Rüssel über den Zaun, senkte sich herab und ergriff

Peters rote Mütze. Peter war starr vor Schreck. Seine schöne neue Mütze! Dort schwebte sie, in dem hoch erhobenen Rüssel des riesigen Tieres, das ihnen jetzt den Rücken zudrehte. Der Wärter kam herbeigeeilt, aber schon hatte Oma sich weit über den Zaun gebeugt und pikte den Elefanten mit ihrem Schirm ins Hinterteil. Schwerfällig drehte er sich um.

»Hör mal«, sagte Oma zu ihm, »das ist aber nicht nett von dir. Sieh mal, wie traurig Peter ist!«

Wirklich kullerten zwei dicke Tränen über Peters Backen. Der Elefant blinzelte mit seinen kleinen Augen auf ihn hinunter.

»Gib die Mütze wieder her!«, bat Oma.

Im nächsten Augenblick ließ das Tier die Mütze vor ihre Füße fallen, und Peter setzte sie hastig auf.

»Entschuldigen Sie nur«, sagte der Wärter, »er ist heute so übermütig.«

Der Elefant tat, als wäre nichts geschehen. Er stampfte zu dem Wasserbecken hinüber und sprühte sich Wasser ins Maul. Dann füllte er den Rüssel von neuem und kam zum Gitter zurück.

»Vorsicht«, rief der Wärter, »er wird spritzen!«

Jan, Brigitte und Ingeborg sprangen zurück, aber Oma und Peter, der sich an ihren Rock klammerte, blieben stehen. Oma öffnete ihren Regenschirm, und die Dusche ergoss sich auf das schwarze Dach. Wieder mussten alle herzlich lachen, vor allem über das erstaunte Gesicht des Elefanten. Er hob den Rüssel in die Höhe und wackelte mit den Ohren.

»Er sagt, du sollst es ihm nicht übel nehmen, es war nur ein Scherz«, erklärte Oma. »Er möchte so gern dein Freund sein.«

»Hat er das gesagt?«, fragte Peter erstaunt. »Ich habe gar nichts gehört.«

»Die Elefanten sprechen mit den Ohren, dem Schwanz und dem Rüssel.«

»Und du kannst sie verstehen?«

»Ja«, sagte Oma, »und wenn du öfter mit ihm zusammen bist, wirst du es auch lernen.«

»Hat er wirklich gesagt, dass er mein Freund sein möchte?«

»Ja«.

Peter wurde rot vor Stolz.

»Bist du ihm noch böse?«, fragte Brigitte.

Peter schüttelte den Kopf. Als sie sich zum Gehen wandten, rief er dem Elefanten ein schüchternes »Gute Nacht!« zu.

Auf dem Heimweg war er schweigsam. Auch die anderen lauschten den Tierstimmen in den Gehegen. Aus einem Vogelkäfig drang ein süßes, trillerndes Lied und endete in einem verträumten Flöten. Die Tiere legten sich zum Schlafen nieder. Nur im Bärenzwinger balgten sich noch zwei junge Braunbären, bis ihre Mutter dem Spiel mit einem Tatzenschlag ein Ende machte.

Als Ingeborg Peter ins Bett gebracht und zugedeckt hatte, richtete er sich noch einmal schlaftrunken auf und flüsterte: »Ich habe noch nie einen so großen Freund gehabt!«

Von da an besuchte Peter seinen neuen Freund jeden Tag. Anfangs musste Oma ihn begleiten. Sie saßen zusammen auf einer Bank vor dem Elefantengehege und hatten lange Gespräche mit dem Dickhäuter. Er erzählte ihnen, dass er aus Afrika stamme und als Elefantenbaby dort gefangen worden sei, dass er zuerst große Sehnsucht nach seiner Mutter gehabt habe, sich jetzt aber im Zoo sehr wohl fühle, dass er seinen Wärter und den Onkel Ludi sehr lieb habe. Er sagte, dass er gern Heu und Reis esse, aber am allerliebsten Zucker.

Eines Tages streckte Peter ihm auf der flachen Hand ein Stück Zucker entgegen. Ganz zart holte es sich der Elefant mit seinem langen Rüssel. Und wie er hinterher lachte! Seine kleinen Äuglein funkelten vor Vergnügen. Jeden Tag brachte Peter ihm danach sein Stück Zucker. Bald sonderte sich das große Tier von den anderen Elefanten ab, sobald es Peters rote Mütze leuchten sah, und streckte den Rüssel verlangend über den Zaun. Die Besucher und besonders die Kinder staunten Peter an.

Das Affenkind

Nach kurzer Zeit hatten sich Pieselangs im Zoo eingelebt. Oma und Ingeborg teilten sich die Hausarbeit. Brigitte verbrachte fast den ganzen Tag im Kinderzoo, wo Tiermütter mit ihren Jungen untergebracht waren: eine dicke Sau mit zappelnden rosigen Ferkeln, Schafe mit niedlichen Lämmern und Ziegen mit Zicklein. Es gab dort junge Kaninchen, Goldhamster, Enten- und Hühnerküken. Brigittes Liebling war ein Eselfohlen, das mit Vorliebe an ihrem Rock knabberte. Sie half dem Wärter, die Ställe auszumisten und hielt die Tiere fest, wenn sie gesäubert wurden. Sie streute ihnen Futter hin und passte auf, dass auch die schwächeren zu ihrem Recht kamen.

Jan folgte dem Onkel wie ein kleiner Hund auf seinen Inspektionsgängen. Er ließ sich von dem brummigen Wesen des alten Herrn nicht einschüchtern und fragte immer wieder nach den Tieren und nach den Reisen des Onkels. Zuerst erhielt er nur widerwillig Antwort, aber mit der Zeit wurden die Auskünfte ausführlicher, und manchmal entwickelten sich daraus spannende Erzählungen. Schließlich durfte Jan dem Onkel sogar bei den Tieren helfen. Er durfte zum Beispiel einen Marder festhalten, der erkrankt war und untersucht werden musste. Onkel Ludi zeigte ihm, wie er es am geschicktesten machte, um dem Tier nicht wehzutun und nicht gebissen zu werden. Mit den Tieren war der Onkel nie knurrig, sondern immer freundlich, ruhig und sanft. Fast alle Tiere liebten ihn.

Eines Morgens, bevor der Zoo geöffnet wurde, lief Oma auf dem Kinderspielplatz Rollschuh. Als der Onkel vorbeikam, blieb er stehen und schüttelte den Kopf. Oma kam mit einem Bogen herangefahren.

»Warum wackelst du mit dem Kopf, Ludi?«, fragte sie. »So alt bist du doch noch nicht.«

»Ich schüttele den Kopf darüber, dass du noch solche Kindereien treibst in deinem Alter«, antwortete der Onkel.

»Rollschuhlaufen ist keine Kinderei, es ist ein sehr gesunder Sport.«

»Sogar die Affen wundern sich darüber«, sagte der Onkel und zeigte zum Affenkäfig, wo neugierige kleine Gesichter durch die Stäbe guckten. Ein dicker Orang-Utan klatschte in die Hände und grinste begeistert.

»Wo steckt eigentlich Jan, dieser Lausebengel?«, fragte der Onkel.

»Ich habe ihm gesagt, er soll dich nicht so oft belästigen«, antwortete Oma.

Der Onkel zupfte ärgerlich an seinem Bart. »Papperlapapp! Es ist besser, er belästigt mich, als wenn ich ihn nicht unter Aufsicht habe.«

Da tauchte Jan an der Ecke des Affenkäfigs auf.

»Komm her, mein Junge!«, rief Oma. »Dein Onkel möchte sich gern von dir belästigen lassen.« Weiter fuhr sie ihre Bögen, während die beiden davonstapften.

»Soeben ist ein neues Tier aus Afrika angekommen«, sagte der Onkel. »Wir wollen es zusammen auspacken.«

»Ist es sehr wild?«, fragte Jan.

Der Onkel antwortete nicht. In dem großen Büroraum des Hauptgebäudes stand eine Kiste mit Luftlöchern. Ein Wärter zog mit einer Zange die Nägel heraus und stemmte dann den Deckel auf. Jan und der Onkel stießen mit den Köpfen zusammen, als sie sich zu gleicher Zeit über die offene Kiste beugten. Sie war mit Stroh gefüllt, und in einer Ecke hockte, in sich zusammengekrochen, ein zottiges braunes Tier. Der Onkel hob es heraus. Es war ein Affenkind, ein kleiner Schimpanse mit großen, erschrockenen Augen in dem hellbraunen Gesichtchen. Der Wärter hatte neben einem Schrank ein Strohlager bereitet, und der Onkel setzte das Äffchen sanft darauf. Sofort zog es sich in die äußerste Ecke zurück, krümmte sich ganz zusammen, hielt sogar die Hände vors Gesicht und spähte nur ein wenig durch die gespreizten Finger. Der Onkel versuchte, es zu streicheln, aber es wich ängstlich zurück.

»Wir wollen es in Ruhe lassen«, sagte Onkel Ludi. »Es muss sich erst an die neue Umgebung gewöhnen.«

Er deckte das Tier mit einer Decke zu und verließ mit Jan den Raum.

»Wer hat es dir geschickt?«, fragte Jan. »Und wo ist seine Mutter?«

»Ein Freund von mir, ein Farmer, hat es im Urwald gefunden. Es war dort ganz allein. Vielleicht ist seiner Mutter bei der Nahrungssuche etwas zugestoßen. Schimpansinnen sind liebevolle Mütter; sie verlassen ihre Kinder nicht ohne Grund.«

»Wird es sich an uns gewöhnen?«

»Das weiß ich nicht. Es ist nicht leicht, kleine Schimpansen aufzuziehen, und das Tier ist noch sehr jung. Nachher werden wir versuchen, ihm etwas Milch einzuflößen.«

Jan merkte, dass der Onkel während des Inspektionsganges nicht recht bei der Sache war, und auch er musste immer an das Affenkind denken. Endlich gingen sie wieder zum Büro.

»Der kleine Schimpanse lässt sich jetzt streicheln, aber er scheint nicht ganz gesund zu sein, er hustet«, sagte der Wärter besorgt.

Der Onkel wollte dem Tierchen mit einer Babyflasche etwas Milch einflößen. Es drehte den Kopf weg und presste die Lippen fest aufeinander. Er sprach leise auf das Äffchen ein und streichelte es sanft, aber es sah ihn nur angstvoll an und wandte jedes Mal den Kopf ab, wenn er ihm die Flasche geben wollte.

Beim Mittagessen waren Jan und der Onkel schweigsam. Oma blickte sie prüfend an, sagte aber nichts. Gleich nach dem Essen gingen sie wieder zu dem Äffchen, sprachen mit ihm und versuchten, ihm Milch einzuflößen, aber es wollte nichts zu sich nehmen. Manchmal erschütterte ein trockener Husten den kleinen Brustkorb. Je mehr Jan es anschaute, desto lieber gewann er es. Struppiges dunkles Fell bedeckte den kleinen Körper bis auf die Hände und Füße und das hellbraune Gesicht mit der breiten Nase und den sanften braunen Augen, die so menschlich blickten.

Sie saßen bis zum Abend vor dem Strohlager und betrachteten das kleine, hilflose Bündel, das zitternd unter seiner Decke lag.

»Wenn es nicht trinkt, schaffen wir es nicht«, sagte der Onkel niedergeschlagen, als sie zum Abendbrot nach Hause gingen.

Das Essen wollte ihnen heute nicht schmecken. Lustlos stocherten sie in ihrem Rührei herum. Das konnte Oma nicht mit ansehen.

»Was ist denn mit euch beiden los?«, fragte sie.

Jan und der Onkel sahen sich nur betrübt an.

»Nun sagt endlich, was los ist!«, drängte Oma.

Da erzählte Jan von dem Schimpansenkind, dass es nicht fressen wolle und den Husten habe und dass es so traurig aussehe, vielleicht weil es sich nach seiner Mutter sehne.

»So schlimm wird's schon nicht sein«, meinte Oma. »Ich werde nachher mal nach ihm sehen.«

»Glaubst du, dass du mehr von Tieren verstehst als ich?«, brummte der Onkel.

Trotzdem gingen sie nach dem Essen alle zusammen in das Büro. Der Wärter öffnete ihnen. Auch er sah bekümmert aus. In der Ecke lag zusammengekrümmt das Affenkind, zitternd und hustend und blickte sie aus seinen sanften braunen Augen angstvoll an. Sie betrachteten es schweigend und mit tiefem Mitleid. Plötzlich richtete es sich auf, schob die Decke fort und kam auf allen vieren taumelnd auf Ingeborg zu. Es richtete sich an ihren Beinen hoch und umklammerte sie. Ingeborg beugte sich zu ihm hinunter und hob es hoch. Mit einer innigen Bewegung schlang es die Arme um ihren Hals und drückte sein Köpfchen an ihre Schulter.

»Geben Sie mir die Milch«, sagte Ingeborg zu dem Wärter. Er reichte ihr die Flasche. Sie drückte sanft den haarigen Kopf von ihrer Schulter, nahm das Tierchen wie ein Kind in den Arm und bot ihm die Milch an. »Trink!«, sagte sie liebevoll. Die langen Lippen umfassten den Gummischnuller, und das Äffchen saugte, ohne den Blick von Ingeborgs Gesicht zu lassen. Wenn es aufhörte, sagte sie wieder: »Trink!« Und jedes Mal fing es wieder gehorsam an zu saugen. Nachdem es die Flasche

leer getrunken hatte, fielen ihm die Augen zu, und es schlief ein. Ingeborg legte es auf das Strohlager und deckte es mit der Decke zu, aber gleich öffnete es wieder die Augen und fing so kläglich an zu schreien, dass sie es wieder auf den Arm nehmen musste. Der Onkel wollte es ihr abnehmen, aber es klammerte sich fest an ihren Hals.

»Du musst es mit nach Hause nehmen«, sagte Oma.

Dicht an Ingeborg geschmiegt, ließ es sich willig ins Haus tragen, doch sobald ein anderer es anrührte, fing es an zu schreien.

»Vielleicht siehst du seiner Mutter ähnlich«, meinte Brigitte. Als Ingeborg es auf ein Sofa in ihrem Zimmer legte, stimmte es wieder ein klägliches Geschrei an. Da packte sie es schließlich in eine Decke und nahm es zu sich ins Bett. Dort schlief es bald ruhig, das Köpfchen an ihre Schulter gepresst.

Aber noch waren die Sorgen nicht zu Ende. Zwar nahm das Äffchen am nächsten Tag von Ingeborg seine Flasche, aber es hatte Fieber und hustete. Ein Arzt wurde geholt, ein Menschenarzt, kein Tierarzt. »Die Schimpansen sind den Menschen ähnlicher als den Tieren«, sagte der Onkel.

Das Äffchen ließ sich brav untersuchen, während es Ingeborgs Hand fest umklammert hielt. Der Arzt horchte es ab, guckte ihm in den Hals und in die Ohren, dann sagte er ernst: »Lungenentzündung!«

Er verschrieb eine Medizin und ordnete an, das Tierchen sehr warm zu halten. Einer der Zoowärter brachte ein Kinderbett, aus dem sein Jüngster herausgewachsen war. Es wurde in Ingeborgs Zimmer gestellt und das Äffchen hineingelegt. An die Füße bekam es eine Wärmflasche. Es nahm von Ingeborg auch die Medizin. Omas berühmten Hustensaft aus Zwiebeln und Kandiszucker wollte es wieder ausspucken, aber auf Omas Rat steckte Ingeborg ihm schnell ein Stück Kandiszucker in den Mund, und das schmeckte ihm so gut, dass es auch den Saft hinunterschluckte.

Trotz aller Pflege ging es dem Äffchen am Nachmittag sehr schlecht. Es keuchte vor Atemnot, und die Augen waren matt und trübe. Ingeborg musste immer an seinem Bett sitzen. Sobald sie fortgehen wollte, fing es jämmerlich an zu weinen.

Alle im Haus gingen auf Zehenspitzen.

Der Onkel zupfte nervös an seinem Bart und blickte finster vor sich hin.

Oma kochte, um sich zu beruhigen, Unmengen Hustensaft, die für die ganze Familie ausgereicht hätten. Das Haus roch vom Keller bis zum Dach nach Zwiebeln und Kandiszucker.

Das Abendessen, bei dem Ingeborg fehlte, wollte niemandem schmecken. Plötzlich brach Brigitte in lautes Schluchzen aus.

»Hör auf zu weinen«, sagte Oma.

»Lass doch das Kind weinen!«, fuhr der Onkel sie an. »Es wird sich dadurch erleichtern.« Er putzte sich geräuschvoll die Nase und verschwand in seinem Zimmer.

Nun kullerten auch Peter und Jan die Tränen übers Gesicht.

»Hört auf«, sagte Oma energisch. »Weinen nützt überhaupt nichts. Tut lieber etwas Vernünftiges. Brigitte, du füllst die Wärmflasche neu, Jan füttert die Tiere im Haus, und Peter hilft ihm. Mit euren Tränen helft ihr dem Äffchen bestimmt nicht!«

Ingeborg blieb die ganze Nacht am Bett des kleinen Schimpansen. Sie hielt die Hand des Tierchens, füllte von Zeit zu Zeit seine Wärmflasche, gab ihm seine Medizin und trug es manchmal auf dem Arm herum, wenn der Husten es zu sehr quälte. Am Morgen wurde es ruhiger. Es hustete weniger, die Hände fühlten sich kühler an, und gegen sieben Uhr fiel es endlich in Schlaf. Es hielt noch immer Ingeborgs Hand, und sie wagte sich nicht fortzurühren.

Um halb acht kam der Onkel herein. Ingeborg sah ihn an. Sie war blass, aber ihre Augen leuchteten. »Es geht ihm besser.«

Der Onkel befühlte die kleine Nase und die Hände des Tierchens und atmete auf. Dann legte er Ingeborg die Hand auf die Schulter. »Das hast du fein gemacht, Mädchen!«

Um zehn Uhr kam der Arzt, er horchte ab, sein Gesicht erhellte sich. »Es ist viel besser, kaum noch Geräusche über der Lunge. Wenn das Tier gut gepflegt wird, wird es wohl gesund werden.«

Oma stand in der Küche und kochte ein Festessen. Nun roch das Haus nicht mehr nach Zwiebeln und Kandiszucker, sondern nach Fleischbrühe, Schweinebraten, Rotkohl und Pudding.

»Heute ist doch nicht Sonntag«, brummte der Onkel.

»Ihr habt ein paar Tage lang alle so wenig gegessen, dass ihr jetzt nachholen müsst. Außerdem koche ich gern, wenn ich fröhlich bin, und ich bin fröhlich«, sagte Oma.

Alle waren fröhlich und ließen sich Omas köstliche Speisen schmecken, auch der Onkel. Das Äffchen schlief einen sanften Genesungs-

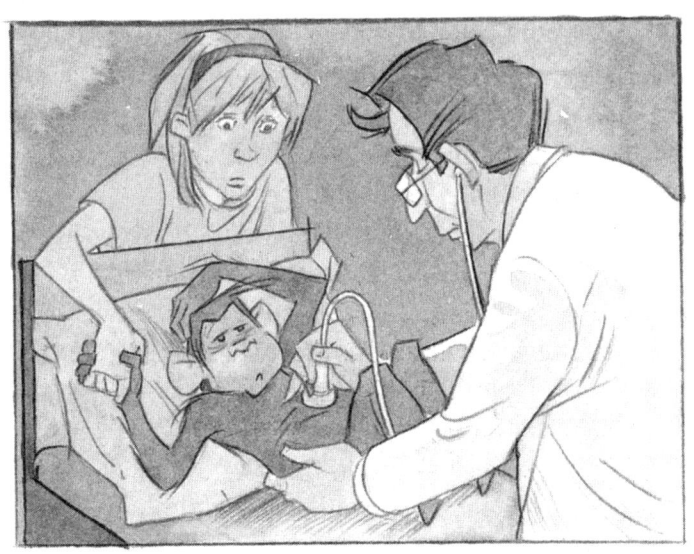

schlaf. Später fing Oma an, einen roten Pullover zu stricken.

»Für Peter ist der aber zu klein«, meinte Brigitte.

»Er ist nicht für Peter, er ist für das Äffchen.«

Der Onkel sah von seiner Zeitung auf. »Du kannst die Tiere in meinem Zoo doch nicht in Kleider stecken!«

»Der Arzt hat gesagt, das Äffchen muss warm gehalten werden. Man kann es aber nicht immer im Bett lassen, also muss es Kleider bekommen.«

»Müssen die denn unbedingt rot sein?«

»Rot ist meine Lieblingsfarbe«, sagte Oma.

Jeden Tag ging es dem Äffchen besser. Nach vier Tagen durfte es aufstehen. Ingeborg zog ihm Omas roten Pullover und ein Paar Hosen an, die sie geschneidert hatte. Es aß nun schon Brei, Gemüse und Bananen und freundete sich langsam mit der Familie an. Es saß auf dem Schoß des Onkels und zupfte an seinem weißen Bart. Es lachte, wenn Jan es auf die Schultern hob und es in der Stube herumtrug, und Peter und Brigitte durften es streicheln. Wenn es aber Angst bekam, lief es zu Ingeborg und warf sich in ihre Arme.

Eines Abends beim Abendbrot meinte der Onkel: »Nun muss das Tier aber auch einen Namen bekommen.«

Alle überlegten. Dann rief Brigitte: »Ich weiß was, wir nennen es Angelika, weil Oma so heißt!«

Oma und die anderen Kinder stimmten begeistert zu. Der Onkel sah seine Schwester unsicher an. »Willst du wirklich einem Affen deinen Namen geben?«

»Warum nicht?«, erwiderte Oma.

Angelika war sehr gelehrig. Sie lernte es bald, aus einer Tasse zu trinken und »bitte, bitte« zu machen. Sie kletterte aus ihrem Bettchen heraus und trieb sich im Haus herum. Sie lief auf allen vieren, richtete sich aber auch gern an einem Gegenstand oder einem Menschen auf. Wenn man sie an der Hand hielt, konnte sie auch auf zwei Beinen gehen. Da sie sauber und appetitlich aß, wenn Ingeborg sie fütterte, wurde sie zum Mittagstisch zugelassen. Jan schleppte acht Bände »Brehms Tierleben« aus Onkels Bücherschrank herbei und stapelte sie auf einen Stuhl. Angelika bekam ein Lätzchen um den Hals und wurde darauf gesetzt. Sie blickte stolz und glücklich um sich. Eines Mittags nahm sie Ingeborg den Löffel aus der Hand.

»Sie will allein essen«, riefen die Kinder.

Wirklich löffelte Angelika anfangs sehr geschickt ihren Brei, doch plötzlich schlug sie mit dem Löffel mitten hinein, dass er weit in die Umgebung spritzte.

Ingeborg bekam einen Klecks auf ihre Schürze, Jan einen ins Haar, und der Onkel hatte einen Spritzer auf der Brille.

»Nimm ihr den Löffel weg!«, rief er ärgerlich.

Aber das Äffchen kletterte blitzschnell von seinem Bücherberg auf den Tisch, sprang an die Fenstergardine, kletterte an ihr hoch und hüpfte auf die Hängelampe an der Decke. Dort setzte es sich hin und schwenkte ausgelassen den Löffel.

»Komm sofort herunter!«, rief Ingeborg. Aber Angelika dachte nicht daran. Sie fing an, sich auf der Lampe hin und her zu schwingen wie auf einer Schaukel.

»Angelika!«, rief die ganze Familie im Chor.

Sie lachte und winkte mit der Hand. Durch Zufall stieß sie mit dem Löffel an einen Metallarm der Lampe. Es klirrte. Das Äffchen runzelte erstaunt die Stirn und versuchte es dann an anderen Stellen. Es schlug kräftig zu und erwischte dabei auch eine Glühbirne.

Wie schön es jetzt erst klirrte und rieselte und wieder klirrte, als die Scherben unten auf den Tisch fielen. Hei, das war ein Spaß!

Angelika beugte sich hinunter und zerschlug eine Birne nach der anderen. Ihr runzliges Gesicht verzog sich zu lauter Lachfalten, ihre Augen strahlten vor Glück.

»Meine schöne Lampe!«, stöhnte der Onkel.

»Wenn sie nur nicht runterfällt!«, jammerte Ingeborg.

Die Kinder lachten und schrien. Peter hüpfte wie ein Gummiball auf und ab.

Schließlich ging Oma in die Küche und kam mit einer Banane zurück. Die hielt sie dem Äff-

chen hin. Da die letzte Glühbirne zerschlagen war, begann Angelika sich wieder für etwas anderes zu interessieren.

»Bitte, bitte«, machte sie und streckte verlangend ein Händchen aus. Den Löffel ließ sie dabei los. Er fiel klirrend zwischen die Scherben auf dem Tisch.

»Nein, nein«, sagte Oma, »komm herunter!«

Angelika sprang wieder an die Gardine, rutschte an ihr hinab wie ein Schiffsjunge am Tau und hüpfte auf Oma zu. Doch plötzlich war die Banane weg, Oma legte Angelika übers Knie und versohlte ihr tüchtig das Hinterteil. Das Äffchen schrie wie am Spieß. Die Kinder sahen es mitleidig an, aber der Onkel brummte: »Recht so!«

Schließlich fand Ingeborg, dass es genug sei. Sie ergriff das ungezogene Affenbaby und steckte es ins Bett. Es schlief nach all den Aufregungen sofort ein, Peters zerrupften braunen Spielzeugbären fest im Arm.

Der traurige Löwe

Wenn Brigitte vom Kinderzoo nach Hause ging, kam sie an dem Käfig des Löwen vorbei. In der ersten Zeit fürchtete sie sich vor dem mächtigen Tier und lief schnell weiter. Aber eines Tages blickte er sie mit seinen hellen, weit auseinander stehenden Augen an, und da blieb sie wie gebannt stehen. Jetzt sah sie erst, wie xschön der Löwe war; wie die Muskeln unter dem glatten Fell spielten, wenn er ruhelos an den Stäben hin und her ging; wie stolz er den Kopf hielt, wie mächtig die Mähne ihm um die Schultern fiel. Nun sprach sie jeden Abend ein paar Worte zu ihm. Anfangs kümmerte er sich nicht um sie und wanderte weiter durch den Käfig oder lag in einer Ecke, den großen Kopf auf die Pfoten gelegt. Aber nach einiger Zeit hob er jedes Mal den Kopf und blickte sie an. Bald bildete sie sich ein, dass er sie erwartete, und sie lief eilig um ein Gelände herum, auf dem Arbeiter einen Graben schaufelten und mit Beton auskleideten, um vor dem Abendbrot noch etwas Zeit für den Löwen zu haben. Dabei machte sie sein Anblick

stets traurig. In seinen Augen glaubte sie eine
Anklage zu lesen, dass er in dem engen Käfig
eingesperrt war.

Eines Abends, als alle um den großen Esstisch
versammelt waren, fragte sie den Onkel: »Warum sperrst du einen Löwen in einen kleinen
Käfig ein, wenn er das doch gar nicht mag?«

»Woher weißt du denn, dass er das nicht
mag?«, rief Jan.

»Er hat mich so traurig angeguckt.«

»Ach, das bildest du dir bloß ein«, meinte
Jan. »Die Tiere sind meistens sehr gerne im
Zoo, nicht wahr, Onkel Ludi?«

Der Onkel, der gerade seine Pfeife stopfte,
antwortete nicht.

138

»Sie leben gern im Käfig«, fuhr Jan fort, »weil sie dort sicher sind und regelmäßig ihr Fressen bekommen.«

»Der Löwe will aber gar nicht sicher leben«, erwiderte Brigitte. »Er will draußen herumspringen und sich selbst sein Fressen holen, und vor allem will er nicht immer angestarrt werden.«

»Du tust ja gerade so, als wüsstest du, wie es ist, wenn man in einem Käfig lebt«, sagte Jan.

»Am liebsten möchte ich es mal ausprobieren«, rief Brigitte.

Oma nickte. »Das habe ich auch schon manchmal gedacht. Man müsste sich einmal in einen leeren Käfig setzen, um zu sehen, wie einem darin zumute ist.«

»Au ja!«, rief Jan begeistert. »Wollen wir das nicht am nächsten Sonntag machen? Wir setzen uns in einen Käfig und schreiben auf ein Schild: Mensch, Deutschland.«

»Paulchen könnte auch mit, dann schreiben wir: Mensch mit Haustier«, fiel Brigitte ein.

Der Onkel funkelte Oma an und grollte wie ein alter Löwe: »Angelika, ich habe dir erlaubt, dass du ein Tier in Kleider steckst und mit Hustensaft traktierst. Aber wenn du meinen Zoo zu einem Zirkus machst, in dem komische Nummern aufgeführt werden, ist es aus mit unserer Freundschaft!«

»Ach, Ludi«, entgegnete Oma sanft, »es war doch nur so eine Idee von mir. Wenn du es nicht willst, machen wir es natürlich nicht.«

»Außerdem habe ich es schon selber probiert und weiß, wie man sich in einem Käfig fühlt.«

»Du hast es ausprobiert? Erzähl mal, Onkel Ludi!«, riefen die Kinder durcheinander.

Der Onkel paffte ein paar Züge aus seiner Pfeife und sagte dann: »Brigitte hat Recht, man sollte Tiere, die für ein freies Leben bestimmt sind, nicht in Käfige sperren. Aber die Menschen möchten sie gern um sich haben und beobachten. Und der Löwe stirbt langsam aus. Die Farmer in Afrika und die Eingeborenen bekämpfen den großen Räuber, der in ihre Viehherden einfällt und Schafe und Rinder, manchmal sogar Menschen tötet, und jagen ihn mit dem Gewehr. Früher, als die Eingeborenen nur Pfeil und Bogen hatten, kamen viele Löwen davon, aber jetzt müssen immer mehr dran glauben. In unseren Tierparks und Zoos bleiben die Tiere erhalten, und manche leben, wie Jan sagte, sogar gern in der Gefangenschaft, besonders die, die dort geboren sind. Allerdings sollte man sie nicht zu sehr einengen.«

»Wie war es denn, als du in dem Käfig gesessen hast?«, fragte Jan.

Der Onkel klopfte seine Pfeife aus und erzählte: »Einmal machte ich eine Reise durch Amerika. In New York hörte ich von einer Insel im Karibischen Meer, auf der nur Affen leben sollten, und zwar so zahlreich wie nirgendwo sonst. Ich fuhr mit einem Schiff dorthin und war der einzige Passagier, der die Insel betrat. Erst am Abend sollte das Schiff wieder anlegen und mich mit zurücknehmen.

Ein Beamter empfing mich freundlich am Kai. Auf meine Frage nach einem Auto oder Pferdefuhrwerk erwiderte er: ›Wir haben etwas viel Besseres, nämlich einen Zug, der um die ganze Insel herum und mitten durch das Urwaldgebiet fährt.‹

›Für mich allein werden Sie diesen Zug wohl nicht in Betrieb setzen‹, meinte ich.

›Oh doch‹, entgegnete der Beamte, ›das machen wir gerne.‹

Er führte mich zu einer kleinen, altmodischen Lokomotive, an der ein seltsamer Wagen hing, nämlich ein Käfig mit einer Bank darin, und bat mich einzusteigen. ›Für mich?‹, fragte ich erstaunt.

Der Beamte nickte. ›Es ist sicherer so. Die Tiere sind wild und könnten Ihnen etwas antun.‹

Ich stieg ein, der Beamte schloss den Käfig hinter mir ab, und wir fuhren los. Überall auf

den Bäumen und Wegen sah ich Affen, große und kleine, die verschiedensten Arten. An einer besonders bevölkerten Stelle hielt der Zug an. Sogleich kamen die Affen herbei, um mich zu betrachten. Sie kamen in Scharen und drängten sich vor den Gitterstäben. Sie stießen sich gegenseitig an und schienen über mich zu sprechen. Sie zeigten mit den Fingern auf mein Gesicht, meinen Hut und meine Stiefel. Die Affenmütter hoben ihre Kinder hoch, damit sie mich besser sehen konnten. Alle fanden mich sehr interessant, und manche mussten über mich lachen. Ich hätte mich am liebsten irgendwo verkrochen, aber die Tiere standen rund um den Käfig herum. Ein alter, sehr dicker Affe schien Mitleid mit mir zu haben. Er reichte mir eine Banane durch das Gitter. Als der Zug weiterfuhr, atmete ich auf. Aber bald hielt er wieder, und das gleiche Theater wiederholte sich. So ging es Stunden und Stunden. Der Beamte saß vorn in der Lokomotive. Ich konnte ihn nicht erreichen, um ihm zu sagen, dass er möglichst schnell weiterfahren solle. Immer wieder machte er die schrecklichen Pausen. Ich war ganz erschöpft und verzweifelt von all dem Angestarrtwerden.

Wenn ich gähnte, begannen die Affen vor dem Käfig ebenfalls zu gähnen. Ich schloss die

Augen und versuchte zu schlafen, aber das Geschrei der Affen ließ mich nicht zur Ruhe kommen. Endlich kamen wir wieder am Hafen an, und der Beamte schloss den Käfig auf. Ich wankte heraus.

›Haben Sie viel gesehen?‹, fragte er und sah mit seinem grinsenden Gesicht fast selbst wie ein Affe aus. Ich nickte nur. ›Den Affen macht das immer großen Spaß‹, sagte er heiter.

Damals hab ich mir geschworen, dass ich versuchen will, für möglichst alle Tiere meines Zoos Freigehege zu bauen.«

»Warum ist der Löwe dann immer noch in seinem engen Käfig?«, fragte Brigitte.

»Freigehege kosten viel Geld«, antwortete der Onkel. »Aber dein Löwe wird bald eins besitzen. Hast du die Bauarbeiten vor den Raubtierkäfigen gesehen? Ein Kaufhaus hat eine größere Geldsumme gespendet, davon lasse ich ein Freigehege für die Löwen bauen. Am Sonntag wird es eingeweiht.«

Als die Löwen in ihr neues Gehege gelassen wurden, stand Brigitte ganz vorn am Gatter. Zuerst kamen ein paar Löwinnen heraus, und danach erschien der Löwe. Ruhig und stolz trat er aus dem Haus auf das freie Gelände. Mit seinem weichen, wiegenden Schritt lief er einmal herum, stieg auf einige Felsen, sprang wieder herab und kletterte schließlich auf die höchste Spitze eines Felsens. Dort stand er und reckte sich, hob stolz den Kopf, schüttelte die Mähne und blickte über den Zoo hinweg.

»Er ist ein König!«, dachte Brigitte, und sie glaubte zu bemerken, dass die Trauer aus seinen Augen verschwunden war.

Auf Wiedersehn!

Wie schnell die Zeit verging! Noch nie hatten die Kinder Ferien erlebt, die mit solcher Windeseile verflogen waren.

Eines Abends sagte der Onkel zu ihnen: »Ihr seid ja ganz tüchtige Zoowärter geworden. Weil ihr mir so fleißig geholfen habt, sollt ihr auch eine Belohnung bekommen.«

Die Kinder spitzten die Ohren. Der Onkel ließ sich viel Zeit mit seiner Pfeife, klopfte sie aus, reinigte und stopfte sie und tat behaglich den ersten Zug, ehe er fortfuhr: »Jeder von euch kann sich ein Tier mit nach Hause nehmen.«

Das gab einen Jubel und eine Aufregung! Sie berieten hin und her, für welches Tier sie sich entscheiden sollten.

Für Brigitte war die Frage schnell geklärt. Sie bat um eins der weißen Kaninchen, die ein seidenweiches Fell und rosa Augen hatten.

Jan überlegte. »Vielleicht eine Schlange?«

»Hu, nein«, rief Brigitte, »vor Schlangen hab ich Angst.«

»Oder ein Chamäleon?«, meinte Jan. »Das kann ich auch in die Schule mitnehmen.«

»Wieso?«, fragte Brigitte erstaunt.

»Na, überleg mal. Der Lehrer wird es doch nie entdecken. Wo ich es hinsetze, passt es sich der Umgebung an. Auf der Schulbank wird es braun und auf den Heften blau oder schwarz.«

»Und wenn es sich auf dein kariertes Hemd setzt, wird es kariert?«, fragte Peter.

Diese Frage konnte selbst der Onkel nicht beantworten. »Was willst du denn mitnehmen, Peter?«, fragte er.

»Am liebsten den Elefanten«, murmelte Peter.

»Für den ist unser Hühnerstall ein wenig zu klein«, meinte Oma.

Peter nickte ernst. »Das hab ich mir auch schon gedacht.«

Abends konnten Peter und Jan nicht einschlafen, weil sie immer daran denken mussten, welches Tier sie sich aussuchen sollten. Es war schon spät, als Jan plötzlich aus dem Bett sprang. Jetzt wusste er, was er wollte; er musste sofort den Onkel fragen, ob er es erlaubte. Leise schlich er durch das dunkle Haus. Er atmete auf, als er unter der Tür des Onkels noch Licht schimmern sah, und klopfte an.

»Was ist los?«, brummte der Onkel erstaunt.

Jan schob sich durch die Tür. »Ich weiß es jetzt, Onkel Ludi!«, rief er mit glänzenden Augen.

»Na, was für eine großartige Idee ist es denn, derentwegen du einen alten Mann zu nachtschlafender Zeit stören musst?«

»Ach«, sagte Jan und sprang auf den Bettrand, »du schläfst ja noch gar nicht, und vielleicht hätte ich es sonst bis morgen vergessen. Kann ich – darf ich die Schildkröte Berta mit nach Hause nehmen?«

Der Onkel legte die Zeitung beiseite. »Die Berta«, sagte er leise. »Weißt du, wir sind schon so lange zusammen, zwanzig Jahre. Es ist fast, als wenn wir ein bisschen miteinander verheiratet wären.«

»Dann will ich sie dir natürlich nicht wegnehmen«, meinte Jan betrübt.

Der Onkel wiegte den Kopf. »Andererseits – ich bin alt und werde sicher eher sterben als die Berta. Vielleicht ist es gut, wenn sie sich rechtzeitig an einen neuen Herrn gewöhnt. Sie kann uralt werden, wenn man sie richtig behandelt. Wenn du sie nicht richtig behandelst, schneide ich dir die Ohren ab! Im Winter hält sie ihren Winterschlaf, da braucht sie eine Kiste mit Sand, in den sie sich eingräbt. Du musst sie aber von Zeit zu Zeit herausnehmen und ihr zu trinken und ein Bad geben, sonst verdurstet sie. Fressen tun Schildkröten am liebsten ...«

148

In diesem Augenblick ging die Tür auf, und Oma erschien in einem lila Schlafrock und mit einem Häubchen auf dem Kopf. »Müsst ihr euch mitten in der Nacht über Tiere unterhalten?«, fragte sie.

»Wenn der Junge etwas wissen will, muss ich ihm Auskunft geben«, erwiderte der Onkel gereizt.

»Ihr könnt euch am Tage genug unterhalten«, sagte Oma und zog Jan hinter sich her zur Tür hinaus.

»Sie fressen am liebsten Salat!«, rief der Onkel ihm noch nach.

»Ich will doch später mal Zoodirektor werden«, brummte Jan auf dem Flur, »da muss ich viel von Onkel Ludi lernen.«

»Ich dachte, du wolltest Cowboy werden«, entgegnete Oma.

Jan wurde rot. Richtig, er hatte ja vorgehabt, zusammen mit Oma nach Amerika auszuwandern. »Ich weiß es noch nicht genau«, murmelte er.

Erst als er im Bett lag, begriff er, dass der Onkel ihm Berta geschenkt hatte.

Am anderen Tag gingen Jan und Brigitte vergnügt an ihre Arbeit. Peter dagegen lief ernst und nachdenklich  zwischen den Käfigen herum. Lange betrachtete er seinen Elefanten, dann ging er zu den Seelöwen, schüttelte den Kopf, stand längere Zeit bei den Kängurus und fragte schließlich einen Wärter, wie viel Ameisen ein Ameisenbär täglich vertilge.

Abends war er schweigsam und verschlossen. Er wurde blass und traurig. Oma betrachtete ihn mit Sorge.

Als die Kinder am nächsten Tag zum Mittagessen nach Hause kamen, gab es nichts zu essen. Oma war nicht da, und sie hatte die Bratklopse selber zubereiten wollen, weil sie ihr am besten gelangen. »Wo bleibt sie denn?«, knurrte der Onkel.

»Sie ist heute früh fortgegangen und wollte zum Essen zurück sein«, antwortete Ingeborg.

Die Kinder suchten im Haus und Garten, aber Oma war nicht zu finden. Ingeborg wollte gerade die Bratklopse machen, als Oma die Tür öffnete.

»Hier bin ich!«, sagte sie fröhlich. Ihr lila Strohhut saß schief auf dem Kopf. Sie hatte ein Loch im Ärmel ihres Kleides und einen Schmutzfleck am Kinn. »Wie siehst du nur aus!«, knurrte der Onkel. »Wo hast du dich herumgetrieben?«

Oma lachte, hängte einen schwarzen, perlenbestickten Beutel, den sie sonst nur sonntags trug, an einen Haken an der Tür, wusch sich die Hände und das Kinn, band eine Schürze um und machte sich an die Zubereitung der Klopse.

Peter betrachtete neugierig den Beutel an der Tür, der leicht hin und her schwankte. Manchmal beulte sich die eine Seite aus, dann wieder die andere.

»Was ist das?«, fragte er.

»Still!«, flüsterte Oma. »Ich zeig's dir später. Jetzt muss ich Mittag kochen.«

Die Bratklopse schmeckten allen gut, bis auf Peter, der traurig war, weil er immer noch kein Tier zum Mitnehmen gefunden hatte, aber auch neugierig, was sich in Omas Beutel befinden mochte. Nachdem sie den Tisch abgeräumt hatten, nahm Oma ihn mit in ihr Zimmer.

»Schau, hier«, sagte sie und öffnete den schwarzen Beutel. Peter sah hinein. Zuerst war es ganz dunkel, doch plötzlich guckte ein rotes Schnäuzchen heraus, dessen zarte Schnurrhaare zitterten. Ein winziges weißes Köpfchen mit rosa Augen kam über den Rand des Beutels, zwei Öhrchen wie Rosenblätter. Ein zweites Köpfchen schob sich neben das erste. Dieses war braun, mit glänzenden schwarzen Augen. Als Peter eine Bewegung machte, verschwanden die Köpfe im Beutel, aber bald guckten sie wieder hervor. Peter hielt seine Hand hin, und Oma streute ein paar Kuchenkrümel darauf. Husch, da saß plötzlich ein kleines braunes Mäuschen darauf und schmauste, und gleich darauf hockte auf der anderen ein weißes. Peter spürte die weichen Schnäuzchen und das Beben der kleinen Füße, die nie stillstanden.

»Ich dachte, weil du nicht das größte Tier aus dem Zoo mit nach Hause nehmen kannst, wäre das kleinste gerade recht«, sagte Oma.

Peter nickte glücklich.

»Sie heißen Susi und Adele. Vorläufig werden wir ihnen eine Wohnung in einem Marmeladenglas einrichten. Zu Hause können sie Heiners altes Terrarium bekommen, das nicht mehr benutzt wird.«

Lehrer Pieselang hatte in der Stadt Besorgungen zu machen und wollte bei dieser Gelegenheit Oma und die Kinder nach Hause holen. In ein paar Tagen fing die Schule wieder an. Als er das Haus des Onkels im Zoo betrat, kam ihm Jan entgegen und fiel ihm um den Hals.

»Vater ist da!«, rief er und zog ihn in das Wohnzimmer, wo Brigitte ihn ebenfalls umarmte. Auch Peter sah glücklich aus, den Vater wieder zu sehen, aber er stand stocksteif in der Ecke.

»Na«, fragte der Lehrer, »krieg ich von dir keinen Kuss?«

»Ich kann dich nicht umarmen«, sagte Peter, »weil ich in jedem Ärmel eine Maus habe. Sie finden es so gemütlich darin.«

Der Vater hatte nicht lange Zeit, sich zu wundern, denn jetzt kamen Oma und Ingeborg herein. Ingeborg hielt auf dem Arm einen Affen, der einen roten Pullover und Hosen trug. Sofort wollte er dem Vater die Brille von der Nase nehmen.

Oma gab ihm einen Klaps auf die Finger und sagte zu ihrem verwirrten Sohn: »Komm, setz dich erst einmal!«

Als der Lehrer sich auf einen Sessel setzen wollte, rief Jan: »Vorsicht!«, und riss die Schildkröte Berta fort, die dort auf einem Kissen lag. Es dauerte eine Weile, bis der Vater sich von all den Überraschungen erholt hatte. Aber dann gab es Kaffee und einen leckeren Kuchen, alle saßen gemütlich beisammen, und die Kinder hatten viel zu erzählen.

»Und was habt ihr von der Stadt gesehen?«, fragte der Lehrer. »Wart ihr in der großen Kirche und im Museum? Habt ihr das Stadtschloss und den Botanischen Garten besichtigt?«

Oma wurde rot. »Ach, weißt du, wir hatten so wenig Zeit.«

»Ihr habt nichts von allem gesehen?«, rief der Lehrer entsetzt. »Ihr lebt vier Wochen lang in der großen Stadt und kennt sie gar nicht?«

»Wenn sie den Zoo kennen, ist es doch genug«, brummte Onkel Ludi.

Der Vater schüttelte den Kopf. »Unser Zug geht erst morgen Nachmittag, da können wir uns am Vormittag noch alles anschauen.«

»Am letzten Tag willst du mir die Kinder wegnehmen?«, knurrte Onkel Ludi unwirsch.

»Ich muss morgen früh noch die Kaninchenställe ausmisten«, sagte Brigitte.

»Morgen kommt der Zahnarzt zum Elefanten, da darf ich zuschauen«, fiel Jan ein.

»Ich muss auch dabei sein«, rief Peter, »sonst steht er nicht still.«

»Und du, Ingeborg, wirst du mit mir kommen?«, fragte der Lehrer.

»Ja, gern, aber ...« Ingeborg errötete und blickte hilfeflehend den Onkel an.

Onkel Ludi räusperte sich. »Hör zu, Neffe, ich habe eine große Bitte an dich. Lass mir Ingeborg hier!«

»Unsere Ingeborg? Soll sie dir den Haushalt führen? Ich denke, deine Haushälterin kommt morgen zurück.«

Der Onkel schüttelte den Kopf. »Für den Haushalt brauche ich sie nicht. Ich möchte gern, dass sie Tiermedizin studiert. Ingeborg hat ihr Abitur. Sie ist klug und versteht besonders gut mit Tieren umzugehen. Ohne sie hätten wir den Schimpansen nicht durchgebracht.«

»Ich habe kein Geld, sie studieren zu lassen«, sagte der Lehrer ärgerlich.

»Nicht nötig«, erwiderte der Onkel. »Das Studium bezahle ich. Ich habe keine Kinder. Was soll ich sonst mit meinem Geld anfangen? Du tust mir einen großen Gefallen, wenn du sie Tierärztin werden lässt.«

»Ingeborg, willst du denn wirklich hier bleiben?«, fragte der Vater seufzend.

Ingeborg brach in Tränen aus.

»Hör mal zu«, sagte Oma ärgerlich, »bis jetzt ist das Kind nur immer für die Familie da gewesen. Sie muss endlich ihr eigenes Leben anfangen. Sie hat eine große Begabung, mit Tieren umzugehen. Wenn sie daraus einen Beruf machen kann, ist es ein Gottesgeschenk, das man ihr nicht nehmen darf.«

»Möchtest du es denn so gern, Ingeborg?«, fragte der Vater.

Ingeborg nickte unter Tränen.

»Dann wünsche ich dir für deine Pläne viel Glück, mein Kind!«

156

Mit einem kleinen Jubelschrei fiel Ingeborg ihrem Vater um den Hals.

Am nächsten Nachmittag brachten Ingeborg und Onkel Ludi die andern zur Bahn.

Auf dem Bahnsteig zog Onkel Ludi seinen Neffen beiseite. »Ich habe noch eine Bitte.«

»Willst du vielleicht auch noch die Oma hier behalten?«, fragte der Lehrer besorgt.

Der Onkel schüttelte den Kopf. »Nein! Vier Wochen hatte ich sie sehr gern um mich, aber für immer ist sie mir zu aufregend. Ich habe eine andere Bitte. Schick mir deine Kinder bald wieder.«

Als der Zug sich in Bewegung setzte, winkten alle und riefen: »Auf Wiedersehn, auf Wiedersehn!«

Dann richteten sich Pieselangs in ihrem Abteil ein. Brigitte nahm ihr Kaninchen auf den Schoß, und Jan holte die Schildkröte aus seinem Rucksack. Oma stellte den Käfig mit Paulchen neben sich auf die Bank. Peter hatte auf jeder Hand eine Maus.

Der Lehrer betrachtete seine Familie etwas sorgenvoll. »Was wird Mutter nur sagen, wenn wir ohne Ingeborg und mit all dem Viehzeug heimkommen? Niemand wird ihr nun im Haushalt helfen, das Kaninchen wird den Salat im

Garten fressen, Peter wird heulen, weil Omas Kater seine Mäuse verspeisen will, und über die Schildkröte werden wir alle stolpern.«

»Nichts davon wird geschehen«, sagte Oma. »Wir alle werden Mutter im Haushalt helfen. Niemand wird niemanden auffressen. Alles wird gut gehen, wenn wir einander lieb haben und Rücksicht aufeinander nehmen.«

Liebevoll schaute sie alle der Reihe nach über ihre Brille hinweg an, den Vater, die Kinder und die Tiere.